AF176371

Ein Viertelpfund gemischte Gedichte

Ein Viertelpfund gemischte Gedichte

von
Michael

Bibliographische Information der Deutschen
Nationalbibliothek: Die Deutsche Nationalbibliothek
verzeichnet diese Publikation in der Deutschen
Nationalbibliographie, detaillierte bibliographische
Daten sind im Internet über http://dnb.dnb.de
abrufbar.

© 2020 Gewalt, Michael
Herstellung und Verlag: BoD – Books on Demand,
Norderstedt
ISBN: 9783751979436

Selbsterkenntnis

Dem Hobbydichter läuft die Dichtung
gelegentlich in falsche Richtung.
Man ist halt als Poete
kein Schiller und Goethe.

Kapitelübersicht

Geschichten, die das Leben schrieb

Fischgeruch

Ich glaube fast, hier riecht´s nach Fisch
statt wie es sollte frühlingsfrisch,
was soll denn das bedeuten?
Was ist bloß dieses Duftes Quell,
ist´s Thunfisch, oder ist´s Forell?
Und wer von all den Leuten

um mich herum ist schuld daran,
dass man hier kaum noch atmen kann
und dass ich mich so quäle?
Halt an mich, dass ich nicht laut schrei:
„Riecht´s hier nach Zander oder Hai?
Nach Rochen? Nach Makrele?"

Jetzt fällt mir ein: Heut früh im Bus,
den ich zur Arbeit nehmen muss,
da wurde mir fast schlecht,
weil es nach altem Hering stank,
die Luft war stickig - ich fast krank,
vielleicht roch´s auch nach Hecht.

Ja selbst beim Metzger gleich ums Eck
war heut der Duft nicht der von Speck,
das weiß ich ganz genau.
Dort duftete es - ach egal
nach Bückling, Karpfen oder Wal,
vielleicht auch Kabeljau.

Da tippt mich wer von hinten an,
die alte Frau sagt: „Junger Mann,
Ihr Rucksack da, der müffelt
nach Scholle und ich glaube bald,
die ist schon ein paar Tage alt."
So werde ich gerüffelt.

Mir wird es plötzlich siedendheiß,
im Stillen denke ich „So´n Mist,
ich wollt schon gestern essen
die Semmel mit Filet vom Barsch
oder vom Saibling, doch ich Dumm-
kopf hab die ganz vergessen."

Die Ballade vom Dosenöffner

Ein Dosenöffner aus Metall
mit einem Griff aus Holz
erlebte einen tiefen Fall
und schwer gekränkten Stolz.

Er diente einst im Küchenschrank
am Hof einer Prinzessin,
dort putzte man ihn blitz und blank
und machte selten Stress ihm.

Wenn einmal was zu öffnen war
(am Hof gibt´s meistens Frisches),
war´s eine Dose Kaviar,
das Edelste des Fisches.

Doch wie die Köche nun mal sind,
die wollen auch mal schmausen.
Der Koch aß gerne Pökelrind,
der Öffner sah´s mit Grausen.

Er wehrte sich mit viel Gekreisch,
sein Schrei war schrill und frostig:
„Zu salzig ist das Pökelfleisch,
da werde ich ganz rostig!"

Und wie befürchtet so geschah´s:
Der Rost befiel die Klinge,
man warf ihn achtlos auf die Straß´,
so ist der Lauf der Dinge.

Dort fand ihn dann ein Bettelmann
im Hinterhof der Prinzen,
was unser Held jetzt öffnen kann:
Statt Kaviar nur Linsen.

No News is good News

Ich lese auf dem Titelblatt
von meiner Tageszeitung
vom Zugunglück, wer Schuld dran hat
und von der Streikausweitung.
Na toll!

Es steht im Politikressort,
der Staatschef sei korrupt.
Sein Vize hat sich schon zuvor
als kriminell entpuppt.
Ich roll

den Teil zusammen, schmeiß ihn weg
und denke mir: Ich fass
es nicht, die haben alle Dreck
am Stecken - nun, das Maß
ist voll.

Ich blättre vor zum Wirtschaftsteil
und hab schon Wut im Bauch.
„Die Aktienkurse stürzen steil,
die Steuer steigt und auch
der Zoll."

Kultur - ich hoff da kann nichts Graus-
liches passiert sein, nur:
Das Staatsorchester spielte aus
Versehen leider Dur
statt Moll.

Na gut, denk ich, dann eben Sport.
„Schon wieder siegt im Cup
der FC Bayern", les ich dort
und mein Verein steigt ab.
Was soll

ich davon denn jetzt halten? Klapp
die Zeitung zu - ich tu´s:
Bestell sofort die Zeitung ab:
No News ist gute News.
Jawoll!

Polizeireport

Er las den Bericht und fluchte tüchtig,
dort stand, es sei der Gesuchte flüchtig.
Er rief: „Der Bericht ist gewiss nicht richtig,
da macht sich doch wieder ein Wicht nur wichtig!"

Schu

Ein Tzengel, ein Tzhelm und ein Tzmann,
eine Sswaffe ein Ppen und ein Bser
berieten gemeinsam und dann
kam noch eine Bkarre daher.

Mit einem Ft und zwei Bladen,
einem Rkenstück und einem Tthaufen
betraten sie einen Laden,
sich je einen Schu zu kaufen.

Das arrogante Uhrwerk

Das Uhrwerk sprach zum Rest der Uhr:
„Ihr seid, wie ich es sehe,
zu einer Sache nütze nur:
Zu zeigen wie ich gehe."

Da waren alle tief getroffen.
Das Zifferblatt, bekannt als Schweiger,
ermannte sich und sagte offen:
„Du gehst uns allen auf den Zeiger!"

Lärm

Ich bin gerade aufgewacht,
denn es hat laut geknallt, gekracht
und wie ich aus dem Fenster schau,
da scheppert es, da ist Radau.

Gleich vor der Tür der kleine Platz
erbebt in Tosen und Rabatz,
es rumpeln just von einem Laster
zwei Tonnen Steine auf das Pflaster.

Ein Höllenlärm die Luft erfüllt,
derweil ein Mann Befehle brüllt.
Der Rüttler, der gewaltig dröhnt,
wird vom Kompressor übertönt
und während sich die Kräche mischen
entweicht wo Dampf mit lautem Zischen.

Doch hört man trotz des Mordskrawalls
die Warnsirene jedenfalls,
die seit ein paar Minuten schon
laut pfeifend kreischt mit schrillem Ton.

Da reißt mir schließlich die Geduld,
ich stürze mich in den Tumult
und schrei den Mann am Baugerät
an, was zum Teufel vor sich geht.

Die Antwort raubt mir den Verstand:
„Wir bauen hier ´ne Lärmschutzwand!"

Reinkarnation

An einem Laternenpfahle hing
ein Abfallbehälter aus Plaste.
Oft kam es vor, dass er in sich ging,
wenn Melancholie ihn erfasste.

Er wurde befüllt und er wurde entleert,
und der Müll, der stank, weil verderblich,
doch hat er sich darüber nie beschwert,
denn er wusste, auch er war ja sterblich.

So hat er oft über den Tod meditiert
und gehofft, er sei auserkoren
und werde einst sauber rezykliert
als Parkbank wiedergeboren.

Und wenn nicht als Bank, dann als Blumentopf,
als Schaukel im Spielplatzgewimmel -
wie immer es sei, wir wünschen dem Tropf
ein Plätzchen im Mülleimerhimmel.

Seemannsgarn

Ich war auf einer Billigp-Reise
und kam in die Sonder-Bar
dort schmetterte jemand die Eimer-Weise
und gab´s eine Tombola.

Der dritte Preis war ein Gigan-Tisch,
der war mir ein bisschen zu groß,
ich hoffte viel mehr auf den Pazi-Fisch
und kaufte ein Hoffnungs-Los.

Was soll ich sagen, ich hatte Schwein
und habe den Hauptpreis gewonnen:
Die Lampe mit hellem Faden-Schein
aus Seemannsgarn gesponnen.

Laterne, Laterne

Ich steh vor meiner Laterne
und meine Laterne vor mir.
Ich hab Dich, Laterne, so gerne,
besonders nachts um halb vier.

Wann immer am Kneipentresen
die Kehle ich mir befeuchtet,
auch wenn es oft spät gewesen,
stets hast Du mir heim geleuchtet.

Du stehst da und leuchtest mir treulich
auf halbem Wege nach Haus
und wäre das Wetter auch greulich,
bei Dir ruhe gern ich mich aus.

Und wenn ich gelegentlich schwanke,
dann halte ich mich an Dir fest.
Wird Zeit, dass ich mich mal bedanke,
ich seh grad, da ist noch ein Rest

den machen wir zwei jetzt gleich alle,
in der Flasche den Gerstensaft
verzeih mir, wenn ich etwas lalle.
Komm, trinken wir Brüderschaft.

Easy Schreiner

Er kachelte den Feldweg rauf,
versägte einen Reiter
mit seinem Hobel, drehte auf,
dann bretterte er weiter.

Die Sicht war schlecht, der Nebel dicht,
es hatte schon gedämmert,
und dennoch scheute er sich nicht,
zu nageln wie behämmert.

Rede an das Fußvolk

Parteifreunde, Stiefel und Schuhe,
Galoschen, Puschen und Treter!
Ich bitte um völlige Ruhe,
was soll denn das ganze Gezeter?

In der Debatte von gestern,
der Antrag der rechten Sandalen
auf Zuschüsse: Brüder und Schwestern,
wer soll denn das alles bezahlen?

Das Postengeschacher der linken
Socken um „Schumachers Enkel",
das tut mir gewaltig stinken,
das geht mir total auf den Senkel.

Höchst unsolidarisch will jeder
das Beste heraus für sich holen.
Wir müssen den Typen ans Leder,
wir müssen sie gründlich versohlen.

Wir leben in schwierigen Zeiten,
drum sollten wir darauf sehen,
dass Schuh´ aller Größen und Breiten
geschlossen zusammen stehen.

Zu bleiben bei unserem Leisten,
der Rat nützt uns leider nicht viel.
Der Lack ist ab bei den meisten,
wir brauchen ein neues Profil.

Nicht immer derselbe Stiebel,
nicht immer derselbe Trott:
Das sei fortan unsre Bibel,
die Sohle wird so wieder flott.

Parteifreunde, Schuhe, Sandalen,
drauf lasst uns die Gläser erheben,
so werden wir nach den Wahlen
auf großem Fuß wieder leben!

Am Seegrund

Im Mai
wurde vor Emden am Seegrund die Bar
wieder eröffnet, das Bier aber war
ganz frei.

Dabei
bildeten sich lange Schlangen am Tor,
wenn´s Freibier gibt, kommt so was mal vor,
ja mei!

Er sei
der König der Nordsee, sagte der Dorsch
und schwamm an den anderen Fischen forsch
vorbei.

„Verzeih
mal, was soll das?", begann man zu toben,
es fluchten die Fische und sie erhoben
Geschrei.

Und zwei
Flundern, die sonst als geduldig galten,
quetschten den Dorsch (und war´n kaum zu halten)
zu Brei.

Wie Blei
senkte sich Stille, doch es war so,
dass keiner dran dachte, zu rufen die Po-
lizei.

Ein Hai
(das Schicksal nimmt eben stets seinen Lauf)
bemerkte das Ganze und fraß alle auf.
Oh wei!

Nur drei
Jungfische, die die Eröffnung verschlafen,
leben noch immer im Emdener Hafen
am Kai.

Diebstahl

An meinem Fahrrad hat ein Schuft
entweichen lassen alle Luft
und noch dazu - ich krieg zu viel -
das Schloss geklaut und das Ventil,
den Mantel und die Felge auch,
die Vordergabel und den Schlauch,
den Lenker und das Rückwärtslicht,
das vorne auch - ich fass es nicht.

Das ist kein Drama, das sind Dramen:
Es fehlt der Ständer, fehlt der Rahmen,
gelassen hat mir jener Schlingel
noch nicht einmal die Fahrradklingel.
Der Täter war doch gar zu frech,
es ist das ganze Fahrrad wech.

Ich stehe da, bin ganz belämmert,
bis es mir ganz allmählich dämmert
und ich erinner mich verschwommen:
Ich bin ja heut zu Fuß gekommen!

Nie wieder Amsterdam

Wir hatten einen draufgemacht
und als ich heute aufgewacht,
da hatt´ ich deutlich den Verdacht,
der Schnäpse waren mehr als acht.

Es hatte voller Niedertracht
der Wirt uns kurz nach Mitternacht
auf den Nachhauseweg gebracht,
doch hat er dabei nicht bedacht
(und das hat meinen Zorn entfacht),
dass grobmotorisch ungeschlacht
da, wo der Weg die Kurve macht,
man direkt in die Gracht reinkracht.
Nie wieder Amsterdam.

Der vierte Mann

Ein rüstiger Lochstreifen, längst in Pension,
der sah ein Magnetband und bat:
„Wir teilen das selbe Arbeitslos, Sohn,
komm spielen wir beide Skat".

„Sehr gern, lieber Lochstreifen, fragt sich bloß wie,
denn Skat geht nun einmal zu dritt."
„Ich kenn eine nette Diskette und die
spielt gewiss mit uns mit."

Es spielten die drei so manche Partie,
der Lochstreifen siegte in vielen,
bis völlig frustriert die Diskette schrie:
„Ich will lieber Doppelkopf spielen!"

„Da fehlt augenblicklich der vierte Mann,
doch ich glaube es ist bald so weit",
sprach das Band zur Diskette, „Nur kurz noch und dann
hat der USB-Stick viel Zeit."

Fünfhundertdreitel

Man packte das herrliche Tortenachtel
zum Zweck des Transportes in eine Schachtel.

Das Achtel sah sich in der Schachtel um
und rief dann empört: "Das ist doch zu dumm,
nur Brösel und Krümel sehe ich hier,
kein Kuchenstück mit Schokozier,
noch nicht mal ein Teilchen mit Zuckerguss.
Wie schrecklich, was ich hier erdulden muss.
Hier gibt es nichts, was an Schönheit mir gleicht,
mir prächtigem Achtel das Wasser reicht."

Da schimpfte ein Krümel: „Jetzt hör mir mal zu,
wir sind aus demselben Teige wie Du.
Mag sein, ich bin nur ein Fünfhundertdreitel
Du protziges Achtel, doch dafür nicht eitel."

Geplatzter Jugendtraum

Als ich noch ein junger Rohling war,
im Laden hing, reif zum Schleifen,
da war es mir lange Zeit nicht klar,
welchen Job ich sollte ergreifen.

Soll ich Schlüssel fürs Haus oder Gartentor sein?
Ich kam zu keinem Ergebnis.
Auch Safe- oder Zündschlüssel wäre fein,
dann hatt ich ein Schlüsselerlebnis.

Ein Mann mit Schlapphut und Bart im Gesicht,
der brachte zur Reparatur
ein verbogenes Schlüsselchen, einfach und schlicht,
ein besseres Drahtstück nur.

Der drahtige Typ beeindruckte mich,
erzählte von Schlössern und Villen.
„Jede Nacht eine andre", sprach Dieterich
(so hieß er) - ich staunte im Stillen.

Als Dieterich wieder gegangen war,
geheilt von der Krümmung Beschwerden,
da war es mir hundertprozentig klar:
Ich wollte wie Dieterich werden.

Doch wurde am Ende ich nicht kriminell,
ein Polizist kam vorbei,
jetzt bin ich der Schlüssel zur Ausnüchtrungszell
der örtlichen Polizei.

Im Treppenhaus

Ich frag mich oft beim Treppensteigen,
warum die Treppen immer schweigen,
drum habe ich mich letzte Nacht
verstohlen auf die Pirsch gemacht.

Dann legte ich mich auf die Lauer
und bin jetzt in der Tat viel schlauer,
denn was ich bisher stets verschlief:
Das Treppenhaus ist nachtaktiv.

Man kann, wenn´s stille wird im Dunkeln,
die Treppen hören wie sie munkeln.
So saß ich da mit leisem Schaudern
und lauschte wie die Treppen plaudern.

Und plötzlich riss es mich vom Sitz:
Ich hörte einen Treppenwitz,
ich hörte Knacken, Knarzen, Krachen
(so klingt es, wenn die Treppen lachen).

Ich selbst verstand den Witz nicht richtig
und habe daher unvorsichtig,
man muss schon sagen, es war dumm,
die Treppen in der Nähe um
Erläuterung gebeten.
Da schwiegen sie betreten.

Moderne Zeiten

Eine mutige Junghexe hat
bei der letzten Walpurgisnacht
reichlich viel Wirbel gemacht,
die anderen waren ganz platt.

Sie kam nämlich ungelogen
im Lichte von Mond und von Sternen
auf einem unglaublich modernen
Staubsauger angeflogen.

Erst hat sich manch Hexe beschwert:
„Das gibt's nicht - ich fress einen Besen,
das ist ja noch nie dagewesen."
Und hielt das für völlig verkehrt.

Doch schließlich, wer will das bestreiten,
den Fortschritt hält keiner auf
und in der Walpurgisnacht Lauf
wollt jede mal Staubsauger reiten.

Kurz drauf ist im Harz ziemlich hektisch
der Staubsaugerabsatz gestiegen
drum weiß man: Inzwischen fliegen
die meisten Hexen elektrisch.

Nachruf auf ein Radiergummi

Es stellte seine ganze Kraft
voll in den Dienst der Wissenschaft,
radierte Formeln, Texte, Graphen,
radierte ohne je zu schlafen.

Das wahre Leben hat es glatt
versäumt, ja noch viel mehr: Es hat
vom Ehrgeiz blind getrieben
sich völlig aufgerieben.

So hat es mit seinem Leben
ein warnendes Beispiel gegeben.

Heiße Liebe

Zu einem Hemde war kurzerhand
ein Dampfbügeleisen in Liebe entbrannt.

Es dachte sogar beim Bügeln der Hosen
daran, wie es wäre, beim Plätten
das Hemd mit heißem Atem zu kosen
und es leidenschaftlich zu glätten.

Und war auch meist die Berührung nur flüchtig,
das Dampfbügeleisen wurde fast süchtig
danach und es begann ein Begehren,
ein heißes, am Eisen zu zehren.
„Ach, könnt ich dem Hemd immer nahe sein!"
Da schlug wie ein Blitz ein Schicksalsschlag ein:

Die Hausfrau eilte ans Telefon
und ließ das Eisen stehen.
Das ging so ein paar Minuten und schon
war´s um das Hemd geschehen.

Da hat von der Leidenschaft Glut übermannt
das Eisen ein Loch in den Hemdstoff gebrannt.

Fürchte und Tädel

Ein Ritter ohne Furcht und Tadel
von altem, ehrwürdigem Adel,
der schwang sich statt aufs Pferd aufs Radel
und fuhr damit ins nahe Städel.

Dortselbst erblickte er ein Mädel,
das gleichfalls keine Fürchte kannte,
worauf der Ritter sich ermannte.
Nun lasten auf dem Ritter Tädel.

Glücksschwein

Vor langer Zeit beschloss ein Schwein,
es wolle gern ein Glücksschwein sein.
Seit jenem hielt es äußerst peinlich
auf Ordnung und sich selber reinlich.

Es machte seither ungelogen
um jede Leiter einen Bogen
und hat eine Katze sein Sichtfeld gequert,
dann machte es auf der Stelle kehrt.
Auch hat es zu jedem Mittagessen
ein Maul voll Glücksklee als Nachtisch gefressen.

Und dennoch geschah etwas Fürchterbares
an einem Freitag, der Dreizehnte war es.
Da wurde das Glücksschwein zum Schlachthof
gebracht
und Hartwurst und Sülze aus ihm gemacht.

Weiberfasching

Ich fuhr in das Rheinland, doch war mir nicht klar,
dass justament Fasching der Weiber war.
Es klang allerorten das Klappern von Scheren
und sinnlos war der Versuch, sich zu wehren.

Man hat mir die schöne Krawatte gemetzelt
und dabei in zahlreiche Stücke zerfetzelt.
Ich drehte mich um und ich sah einen Jecken,
die Augen ganz starr und geweitet vor Schrecken.

Um seinen Hals ein erbärmlicher Rest
von Krawatte, so stellte er traurig fest,
das sei hier zwar durchaus so üblich,
doch darum nicht minder betrüblich.

Ouzo

Ich traf - und ich musste erst überlegen -
beim Griechen ums Eck einen alten Kollegen,
der sprach „Na, Alter, was machst denn jetzt Du
so?"
Und dann bestellte er uns zwei Ouzo.

Ich wollte ihm gern eine Freude bereiten,
so redeten wir von den alten Zeiten
und ich erzählte ihm, was ich jetzt tu so.
Und dann bestellten wir noch zwei Ouzo.

Dann sprachen wir von den kommenden Wahlen
und bei diesem Thema begann er zu strahlen.
Er war wie ich wusste schon lange ein Juso.
Und freudig bestellte er noch zwei Ouzo.

Wir kamen von einem Thema zum andern,
er sprach von Autos, von Frauen, vom Wandern,
das tät er im Urlaub ganz gern ab und zu so.
Und dann bestellte ich noch zwei Ouzo.

Beim Wandern sei es wie öfter im Leben,
zwar meistens recht schön, doch manchmal
daneben,
zum Beispiel drücke ihn manchmal der Schuh so.
Und dann bestellten wir noch zwei Ouzo.

Allmählich wurd´s schwerer ihn noch zu verstehen,
denn in meinem Kopfe begann sich´s zu drehen.
Wir tranken noch einen in aller Ruh so,
wenn ich mich nicht irre, dann war es wohl Ouzo.

Wir tranken und sprachen von vielen Dingen
und dann zum Abschluss begann er zu singen.
Er sang fast so schön wie der große Caruso.
Ich glaube das lag an dem reichlichen Ouzo.

Eine Frage des Stiels

Ein Kochlöffel protzte, er habe von allen
Haushaltsgeräten den meisten Stil.
Das hat den anderen nicht so gefallen,
das heißt, es war ihnen einfach zu viel.

Die Messer und Gabeln, ein Schwamm und ein
Topf,
zwei Teller ein Glas und drei Tassen
berieten und setzen es sich in den Kopf,
ihm eine Lektion zu verpassen.

Es brodelten die Verschwörer vor Wut
und so beschloss man, dem frechen
Angeber-Kochlöffel kurz und gut
den langen Stiel abzubrechen.

Zu dieser Untat fehlte nicht viel,
da griff das Kochbuch ein
mit seinem Hinweis, man schreibe „Stil‘
statt mit „i-e" mit „i" allein.

In Fragen des Stils entscheiden oft sehr
kleine Dinge im Leben.
Der Kochlöffel aber hat sich seither
immer bescheiden gegeben.

Bierdimpfl

Oft hat er sich vom Bier beflügelt
ganz ungezügelt rumgeprügelt
und hielt das noch für zünftig.

Bis er an einen Kerl geriet,
der kräftig ihm eins überbriet.
Vielleicht wird er ja künftig
vernünftig.

Sull Sull Nieben

Es kam ein seltsamer Typ in die Bar,
bestellte Martini, allein:
der sollte, was wirklich seltsam war
geschürt, nicht gerüttelt sein.

Er kam zu mir und ohne zu fragen
erzählte er seine Geschichte.
Er führe so gern richtig welle Schnagen
und jage oft Wösebichte.

Auch liebe er sehr die frexiesten Sauen,
vor allem wenn sie blond,
da fing ich an, ihn zu durchschauen,
der Kerl hieß nämlich Jond.
Bames Jond.

Bankraub

Der Bankräuber dachte, er wäre gewitzt
und hatte zunächst einen Wagen stibitzt.
Erst dann überfiel er das Bankhaus.

Dann ist er im Auto davon geflitzt,
doch wurde er zu seinem Unglück geblitzt
und sah dann irgendwie krank aus.

Mit hektischen Flecken in seinem Gesicht,
ganz cool zu bleiben, das schaffte er nicht,
verhielt sich verdächtig, hat kräftig geschwitzt,
dann breitete sich der Gestank aus.

Man fragte ihn höflich, was das denn jetzt soll
und merkte, er hatte die Hosen randvoll.
Nach kurzem Verhör schon war alles geritzt,
man sperrte ihn ein, wo er immer noch sitzt.
Die Bank sprach der Polizei Dank aus.

Alter Adel

Die Barone von und Zucker
waren früher arme Schlucker,
deren Ur-Urahn sogar
nur ein Bürgerlicher war.

Jener Ahn, der vorgenannte,
war des Königs Lieferante
von Pralinen und gebrannten
Mandeln, sowie der bekannten
„Zuckerperlen", die er voll
Stolz erfunden haben soll.

Glück für den erwähnten Ahn
war des Königs süßer Zahn,
denn die Zuckerbäckerkunst
sicherte des Königs Gunst
und zum guten Schluss befand
sich der Ahn im Adelsstand.

Nur die Chronik der Barone
von und Zucker kommt fast ohne
Hinweis aus auf ihres Adels
Ursprung. Das verdient des Tadels.

Wampir

Vor Zeiten lebte ein Vampir
und der hat ungelogen
zu jeder Mahlzeit drei bis vier
Stück Opfer ausgesogen.

Das war natürlich grauenvoll.
Bald war im ganzen Land
er, dessen Wampe ständig schwoll,
als der „Wampir" bekannt.

Pyrrhussieg

Es stritt mit dem Haifisch sich eine Forelle,
die hatte sich just in das Meer verirrt.
Der Hai war darüber ersichtlich verwirrt.

Sie sagte, sie schwämme in jeglicher Zeit
im Vergleich mit dem Haifisch glatt doppelt so weit,
so traf sie des Haifischs empfindlichste Stelle.

Zum Zweck der Beweisführung trug sie sodann
dem sprachlosen Haifisch ein Wettschwimmen an.

Zutiefstens verletzt war der Haifisch und schwieg.
Blitzschnell ist sogleich die Forelle gestartet
und hat erst im Ziel auf den Haifisch gewartet.

Nun war grad die Zeit für das Abendessen,
voll Wut hat der Hai die Forelle gefressen,
das nennt man dann wohl einen Pyrrhussieg.

Französisches Blatt

Was König und Dame im Skatspiel angeht,
so herrscht dort eindeutig Promiskuität.
Kreuz, Pik, Herz und Karo sind alle nicht scheu
und mischen beim Austeilen ständig sich neu.
Und wenn dann die Karten zur Tischmitte fliegen,
kommt leicht auf Herz-Dame Pik-König zu liegen.

Doch ist - wenn ich mich da nicht absolut täusch
doch alles in allem die Sache recht keusch,
denn eines fehlt allen, ob Mann oder Weib:
Kein Einziger hat einen Unterleib.

Geldwäsche

Ich quäle mich, leide Seelenpein,
ich hab nämlich einen Zehn-Euro-Schein
vergessen in meinen Hosentaschen
und habe die Hose samt Geldschein gewaschen.

Nun bin ich nervös und ich kann nicht mehr
schlafen,
verstieß ich doch so gegen Paragraphen
des Gesetzes zum Waschverbot aller Moneten,
das just hierzulande in Kraft ist getreten.

Mich macht dieses Wissen zutiefstens betroffen.
Es war ja kein Vorsatz, doch kann ich nur hoffen,
Justitia erkennt mich als Geldwäscher nicht,
denn dort wo kein Kläger, da auch kein Gericht.

Dichtungsdichtung

Es tropft seit gestern schon der Hahn
und treibt mich langsam in den Wahn.
Zum Reparieren war keine Zeit,
das tut mir jetzt natürlich leid.

Es klingt als tät das Wassertropfen
direkt in mein Gehirn reinklopfen.
Ich bin verkrampft, bin schwer gestresst,
mein Atem geht nur noch gepresst,
weil ich es lautstark dröhnend höre.
Ich bin verzweifelt und ich schwöre:
Gleich morgen früh wird unbedingt
der Wasserhahn bedichtungsringt.

Waidmannsunheil

Gestern früh am Abend,
Waidmannspläne habend
hat er unverdrossen
sich dazu entschlossen,
sich an einen Hirschen
heimlich anzupirschen.

Da schon zwie das Licht war,
nahm er leider nicht wahr
die Gefahr durch Wurzeln.
Er geriet ins Purzeln
und er stürzte so
schmerzhaft auf den Po.

Gärtners Alptraum

Was hab ich heute Nacht gelitten.
Nur ein Alptraum - unbestritten -
doch ich möchte beinah wetten,
dass auch Sie gelitten hätten,

denn es ritten ganze Rotten
wilder fetter Hottentotten
(half kein Betteln und kein Bitten:
Andre Länder, andre Sitten)
mitten durch unsre Rabatten.

Als sie die durchritten hatten,
war kein Blümchen mehr zu retten.
Wenn sie´s bloß gelassen hätten!

Einsame Herzen

Es zapft in einer kleinen Schenke
ein Zapfhahn treulich die Getränke.
Wer Hähne kennt, der kann sich denken,
er würde gern sein Herz verschenken,
dass seine Leidenschaft entbrenne,
doch fehlt dem Zapfhahn eine -henne.

Sein bester Freund gleich nebenan,
ein schon betagter Wasserhahn
im steten Einsatz an der Spüle
versteht des Zapfhahns Frustgefühle.
Seit Jahren wartet dieser nun
schon sehnlich auf ein Wasserhuhn.

Armer Ritter

Es träumte mir kürzlich von ungefähr,
ich wäre ein Ritter in schimmernder Wehr,
doch störte mich dies an dem prächtigen Bilde:
Nicht nur gebrach es mir an einem Schilde,
es war auch das Schwert leider nicht recht viel
besser,
als ein schon leicht schartiges Küchenmesser
und rostig waren des Hemdes Ketten.

Und um zum Abschluss zu krönen das Ganze,
besaß ich nicht mal eine richtige Lanze,
so dass ich beschloss: aus dem feurigen Rachen,
des hungrigen und zudem tobenden Drachen
möge die Jungfrau ein anderer retten.

Paparazzo

Von Palazzo zu Palazzo
zieht ein junger Paparazzo,
der den Adel wenig achtet.

Ja noch mehr: Der Mann betrachtet
die Barone, Prinzen, Fürste
allesamt als arme Würste,
die in ihrem Hochglanzleben
nichts als Käse von sich geben.

Diese Haltung ist natürlich
ein klein wenig ungebührlich
und erführe dies der Adel,
setzte es so manchen Tadel.

Darum beißt der gute Junge
sich beflissen auf die Zunge.
Die Verachtung nicht zu zeigen,
übt er sich diskret im Schweigen.

Dies Verhalten ist vernünftig
und es sichert ihm auch künftig
eine gute Auftragslage.

Denn es gilt ganz ohne Frage
hier und auch ganz allgemein:
Man lebt nicht vom Brot allein.
Wurst und Käs´ muss auch mal sein.

Götterspeise

Weil olympens die Verpflegung
mit Ambrosia und Nektar
zwar nicht schlecht, doch nicht perfekt war,
gab´s eine Protestbewegung.

Doch von Zeus die Geistesblitze
nahmen dem Protest die Spitze,

denn der Göttervater ließ
die Gerichte variieren,
Gyros und Pommes Frites servieren,
nebst Salat und Lamm vom Spieß.

Konfetti

Ein Locher lochte treulich Löcher
in Formulare noch und nöcher.
So ging es lange Zeit, indessen
war er am Ende vollgefressen,
so dass er letztlich irgendwie
das Ausgelochte von sich spie.

Zehntausend ausgestanzte Kreise
verwirbelten auf diese Weise.
Der ganze Raum war zugekleistert,
der Amtmann aber war begeistert
(nicht nur weil er den Locher mochte,
der ihm so treu die Löcher lochte):

Er war ein echter Faschingsnarr
und fand Konfetti wunderbar.

Pech

Ein Glücksschwein speiste gerne Trüffeln
und war es schließlich ihm geglückt,
die seltnen Trüffeln zu erschnüffeln,
dann hat es sie gleich frühgestückt.

Doch einmal war nach langem Suchen
trotz intensiver Schnüffelei
kein Bröckchen Trüffel zu verbuchen,
so blieb das Frühstück trüffelfrei.

Nachdem auch mittags und am Abend
das Essen jeder Trüffeln bar,
empfand das Schwein (gehungert habend),
dass es ein Pechpilz war.

Uncharmant

Als sich der Prinz noch vorderhand
im Junggesellenstand befand,
da war er als galant bekannt.

Jedoch hat sich das Blatt gewandt,
als die Prinzessin ihm die Hand
gereicht hatte zum Ehestand.

Er hat sie „Elefant" genannt,
da wurde diese militant
und hat ihn aus dem Land verbannt.

Es reicht

Es überkam ihn der Gedanke,
er überschritte eine Schranke,
so dass er bald zu Boden sänke,
wenn er noch weitere Schnäpse tränke.
Drum hat er höflich sich bedankt
und ist sodann nach Haus gewankt.

Geschlossener Vollzug

Es ist Sommer und ich schwitze,
so, als wär es nicht genug,
dass ich unfreiwillig sitze
im geschlossenen Vollzug,
wo es ungeheuer eng ist
und der Duft der Leute streng ist.

Doch es ginge noch viel strenger,
und das wäre richtig fiese,
deshalb klage ich nicht länger,
denn mir fällt soeben ein,
statt ein Vollzug könnte diese
S-Bahn auch ein Kurzzug sein.

Leuchtendes Vorbild

Ein Leuchtstift, dessen Farbe schrie,
ein quietschend neongelber,
trug schwer daran, dass er noch nie
geschrieben hatte selber.

Hat andre aus dem Hintergrund
knallgelb hervorgehoben.
Er diente stets bescheiden und
ist umso mehr zu loben.

Erleuchtung

Ich tappte seit längerer Zeit schon im Dunkeln,
wobei das Problem einfach darin bestand,
dass ich ganz vergeblich den Lichtschalter suchte.
Ich schimpfte und maulte, ich tobte und fluchte,
es kam so weit, dass mein Auge leicht glühte,
und dass es vor Zorn helle Funken versprühte.

Dann fing auch das Zweite vor Wut an zu funkeln,
so dass ich - erleuchtet - den Lichtschalter fand.

Overdressed

Die Einladung für den Empfang
war äußerst förmlich und es klang,
als würde dort im Frack gefeiert.

Doch als er ankam und erfuhr,
man trug dort Jeans und T-Shirt nur,
da fühlte er sich lackgemeiert.

Anfängerpech

Dieweil der Keeper an der Bar
noch ein kompletter Neuling war,
hat seine Kundschaft sehr gemeckert.

Er hat beim Mixen der Getränke
(O, dass im Boden er versänke!)
mit Rum sich, statt mit Ruhm bekleckert.

Vielsam

Zwei Herzgebrochne waren einsam,
deshalb beschlossen sie gemeinsam,
um ihre Leiden abzukürzen,
in des Vergessens Flut zu stürzen.

Gedacht, getan, sie sprangen zweisam
bei Freiburg in die Flut der Dreisam.
Zum Glück war achtsam ein Passant
und zog die beiden schnell an Land.

High Noon

Ein Cowboy trat in den Saloon
um fünf Minuten vor High Noon.
Sein Colt war blitz und blank geputzt
und offenbar schon oft benutzt.

So stapfte er mit schwerem Schritte
direkt in des Saloones Mitte.
„Zitronenlimo", schrie er „will ich!
Und wer darüber lacht, den kill ich!"

Es wurde plötzlich totenstill
und es erhob sich Büffel-Bill,
berüchtigt unter allen Gästen,
der Wildeste im wilden Westen.

„Du Greenhorn bist wohl noch von gestern.
Das ist doch hier kein schlechter Western.
Sich einer Limonade wegen
so ungezügelt aufzuregen,
ist nicht gesund mein guter Mann."

Und sprach zum Wirt gewandt sodann:
„Zitronenlimo für den Knilch,
und mir noch eine Buttermilch."

Sonntagsfrühstück

Ich genoss des Sonntagsglücks,
als des Spät- (statt frühen) Stücks
im Terassensonnenschein
ich die Honigsemmel kaute
und in meine Zeitung schaute.

Dann der Schock des Augenblicks,
da ich sah, dass hinterrücks
irgendjemand hundsgemein
mir den Sportteil klaute.

Schlachtenglück

Der Burgen Fräuleins zu entzücken
beschloss der Ritter vorzurücken,
die Stadt mit ihren vielen Türmen
im kecken Ansturm zu erstürmen.

Visier geschlossen, Schwert gezückt
wär ihm das fast geschlachtenglückt,
doch ließ man von der Türme Zinnen
das Pech in heißen Bächen rinnen.

Nun war besagter Ritter nicht
auf Güsse heißen Pechs erpicht.
Es überlief ihn siedendheiß,
vor Schrecken ward er kreideweiß,

denn die Erkenntnis war echt bitter,
die mit dem Pechschwall traf den Ritter:
Es war der Ansturm wohl zu frech.
So wendet sich das Schlachtenpech.

Es funkt

Ein eisenharter Vorschlaghamm-Er
traf eine zarte Hamm-Sie.
Es sprühte heller Funkenflug,
als Eisen so auf Eisen schlug
und dennoch: Er gewann sie.

Sie war - kann man wohl sagen -
von jenem starken Funkentflammer
und dessen Charme erschlagen.

Ungebügelt

Ich hatte erst vor ein paar Tagen
ein Hemd zur Wäscherei getragen,
dass man es wasche, bügle, plätte.
Wenn ich das bloß gelassen hätte.

Ich sah schon auf den ersten Blick:
Man hatte mir das gute Stück
nur äußerst mangelhaft gemangelt.
Es wirkte, dachte ich erbittert,
im höchsten Maße ungebügelt,
als hätte ich mich grad gerangelt,
als hätte ich mich gar geprügelt.
Es war der Stoff komplett zerknittert.

Da platzte, muss ich leider sagen,
zu guter letzt mir noch der Kragen.

&

Ein Kaufmannsschiff
lief auf ein Riff
& sank mit r&
Zweitausend&
zweih&ert Kaufmanns-&en.

Die Fl&ern dort am Meeresgr&
die kamen sämtlich auf den H&,
als sie die &s gef&en.

Sie fraßen sich ganz kugelr&,
das ist für Fl&ern unges&
& schon nach ein paar St&en
war jedes & verschw&en.

Nun wird es keinen w&ern:
Man zählt besagte Fl&ern
aufgr& der Form inzwischen
glatt zu den Kugelfischen.

Wegen Renovierung

Der ganze Stammtisch ist verdrossen,
das Wirtshaus nämlich ist geschlossen,
dort wird gerade renoviert.

Die Schließung wurde leider nicht
zur rechten Zeit veröffentlicht,
Man steht frustriert
herum und friert,
der Durst bleibt vorerst unbebiert.

Feuerversicherung

Der Wiking Erik war im ganzen Norden
durch Langmut und Geduld bekannt geworden,
was ein Versicherungsagent nach besten Kräften
zum Abschluss nutzte von
Versicherungsgeschäften.

Nachdem er Erik viele Stunden zugeschwatzt,
ist dessen Kragen letztlich doch geplatzt.
Er hat mit Hilfe seiner wilden Horden
den Hauptsitz der Versichrung brandgeschatzt.

Noch heute wird in der polaren Nacht
an diesen Rachefeldzug gern gedacht,
dann wird im Langhaus mitleidlos gekichert.
Die waren gegen Feuer schließlich gut versichert.

Steinzeit

Beschloss ein Jäger (seinen Übermut zu kühlen),
dem Tiger auf den Säbelzahn zu fühlen,
dann endete das damals im Neandertal
für den genannten Jäger meist fatal.

Wenn er das Steinzeitliche segnete,
weil er dem Säbeltier begegnete,
dann jammerte die Sippe bis zum Steinerweichen.
Die Säbeltiger gingen nämlich über Leichen.

Futon

Ich habe nächtens alpgeträumt,
weil ich mein Zimmer umgeräumt
und auf das Bett verzichtet hatte,
zugunsten einer Futon-Matte.

Vom Alpgeträumten noch benommen
ist der Gedanke mir gekommen,
dass, wer sonst westlich dekadent
in einem weichen Bette pennt,
des Futons Härte ungewöhnt
an alpen Träumen leidend stöhnt.

Wie man sich bettet und matratzt,
so liegt man schließlich da und ratzt.

Gerührt oder geschüttelt

Ich habe mir gedacht, ich hätte
heut Lust auf eine Filmschmonzette,
doch ist das Machwerk scheußlich süßlich
und höchsten Grades unersprießlich.
Zumal die Handlung wie verrückt
auf meine Tränendrüse drückt,
was im Ergebnis dazu führt:
Dass es mich schüttelt anstatt rührt.

Fernsehdebatte (einerseits)

Bereits zur Hälfte der Debatte,
die gestern fern zu sehen war,
war ein Ergebnis völlig klar:
dass ich genug gesehen hatte.

Es kämpften beide Kontrahenten
mit lautesthalsigem Beschimpfen
und wechselweisem Unverglimpfen
anstatt mit echten Argumenten.

So schlugen sich die zwei Gestalten
statt mit Floretten nur mit Keulen.
Mit einem Satz: Es war zum Heulen
und Grund genug um abzuschalten.

Fernsehdebatte (andererseits)

Wenn Talkshowgäste hitzig streiten,
korinthenkackend Quark verbreiten,
und wird das Ganze offenbar
trotz Dampfgeplauder halb nur gar,
dann gilt es dennoch durchzuhalten
und bloß nicht vorschnell abzuschalten.

Es scheint auf Anhieb zwar bescheuert,
doch wird die Diskussion befeuert,
dann führt die Zufuhr heißer Luft
am Schluss zu Pustekuchen-Duft.

Not und Tugend

Ich hatte mein Buch grad zu Ende gelesen,
Das Fernsehprogramm war zu öde gewesen,
so ging ich, statt dass ich gelangweilt mich hätte,
zur Abwechslung mal etwas früher zu Bette.

Am Morgen, gut ausgeruht, strahlte mich dann
ein faltenfrei fröhliches Spiegelbild an.
So frisch wie sonst niemals beim Morgenerwachen.
So lässt aus der Not eine Jugend sich machen.

Bemannte Raumfahrt

Mir ist ein Astronaut bekannt,
der oft Raketen kühn bemannt
und damit schneller als der Schall
beherzt durchquerte unser All.

Doch war er nur im All verwegen
und auf der Erde stets verlegen,
so dass besagter Astronaute
sich kaum unter die Leute traute.

Er hat deshalb die Frauen meist
auf ferner Umlaufbahn umkreist.
Nur leider wirkt in diesem Fall
die Anzugskraft nur minimal.

Das gilt im Weltall wie beim Lieben,
so ist er unbeweibt geblieben.

Des Königs Elend

Wer glaubt, das Königsleben sei
das Geld betreffend sorgenfrei,
der irrt gewaltig, denn im Grunde
sind Könige doch arme Hunde.

Allein der Unterhalt von Schlössern,
von Kutschen und diversen Rössern
der Sold für Butler, Magd und Page
zehrt kräftig an der Apanage.

Daneben soll man nicht vergessen,
dass Konkubinen und Mätressen
die Flüssigmittel spürbar mindern
und neben legitimen Kindern

sind oft die Bastardaufzugskosten
ein gar nicht mal so kleiner Posten,
der stetig die Schatulle leert
und den royalen Schatz verzehrt.

Zieht man aus diesem die Bilanzen,
dann gilt im Großen und im Ganzen:
Der König ist nicht zu beneiden,
im Gegenteil: Bemitzuleiden.

Konsequenzen

Wenn einem das Budget entgleitet
und er die Kosten überschreitet,
dann sollte sich das besser lohnen,
denn über Milli-ard- und -onen
wird gerne drüberweggesehen.

Viel schlimmer ist so ein Vergehen
im Maßstab Euro oder Cent,
denn wenn die Aufsicht dies erkennt,
dann kann der kleinste Kostenposten
den Sünder schnell den Posten kosten.

Kundenklima

Es sorgt sich - eigentlich ganz prima -
das Kaufhaus um das Kundenklima
und kühlt an heißen Sommertagen
mit leistungsstarken Kühlanlagen,
dass dank der Kunst der Ingenieure
die Hitze nicht den Kaufrausch störe.

Nur liegt man mit dem Kühlbestreben
zumeist um ein paar Grad daneben.
Es wird gekühlt und ventiliert,
dass man sich fast den Arm abfriert,
so dass der Kunde tiefgekühlt
sich wie in der Antarktis fühlt.

Kaffee

Wenn der Angestellte brav
kämpft gegen den Mittagsschlaf
und vom Mittagessen satt
kaum noch offne Augen hat,
bringt nur eins ihn in die Höh:
frischgebrühter Schwarzkaffee.

Nicht nur Koffeines wegen
kommt der Kaffee dann gelegen,
wichtiger ist in der Tat,
dass der Kaffeeautomat
wenn er frischen Kaffee macht,
schlafvertreibend zischt und kracht.

Auf Deutsch gesagt

Ein Schutzmann rapportiert penibel
im Protokoll ein Falschfahrübel,
wobei er sich gewählt ausdrückt,
drum schreibt er vom „Verkehrsdelikt".

Beim Bier jedoch, nach Feierabend,
das Hochgestochne dicke habend
erzählt er Dir, er sieht genau,
wenn einer fährt wie eine Sau.

Fiakerkutscher

Ein Fiakerkutscher aus Wien
sprach „Wein ist für mich Medizin".
Trank eins übern Durst
und kam ab vom Kurs
in Südtirol fanden sie ihn.

Wasser statt Bier

Ein bayrischer Touri in Boston
fand, Bier solle weniger kosten.
Man sagte ihm, dass er
stattdessen ja Wasser…
„JA WOS DENN, mei Liaba, ja WOS DENN?

Zahlengeschichte

1t stand ich auf einer Run3ise im
Stau und schaltete ener4t das Radio
ein. Zunächst spielten 40euner
Kla4musik für 1teiger, dann gab es
Han3chungen für die Haltung
eine6entieres.

„Was muss ich hier für einen
Sc100ragen, den die hier im
S1000en", d8e ich, „Die können mich
kreu2se. Soll ich denn im Schrecken
dieses S1000en?"

Im Auto neben mir suchte man
ver2felt nach einem Sch0er. Ich
beschloss zu h11en und gem1am
untersuchten wir das Re4 des
Babies. Dann ser4te die Mutter
ei9tertasse voll Brei aus L1amen
un3nem W8elei. Gem1am vertrieben
wir uns die Zeit mit Singen un3men.

Es wurde viel gel8, nur der Vater war
etwas 1ilbig. „7 8eiligen un2felhaft die
Buchstaben, denn 7utzen so viele
Zahlen, 7gel", sagte er 3st und fügte
hinzu, dass er so etwas ver8e
un3chlich doof fände.

Wunder der Natur

Klimakatastrophe

Im Biergarten nahm ich ein Sonnenbad,
da plötzlich sah ich ihn,
wie er würdevoll durch den Eingang trat,
ein schwarz-weißer Pinguin.

Hab ich mir zwei Bierchen zu viel gegönnt?
Ich stand am Rande des Schocks.
Ich fragte, womit ich ihm dienen könnt.
„Ein Eiswasser - on the rocks".

Dann nahm er Platz, das heißt er blieb stehn,
nur stellte er sich auf die Bank,
mir direkt gegenüber, es war leicht zu sehn,
er fühlte sich irgendwie krank.

Er sagte, er käme von weit, weit her
und wolle hier scharf protestieren,
weil am Südpol das Wetter zu warm worden wär,
man schwitze jetzt, anstatt zu frieren.

Ich solle dagegen jetzt endlich was tun
gegen diese Naturkatastrophe.
Schuld sei nicht der Eisbär, das Rind oder Huhn,
nein, einzig der Mensch, dieser doofe.

Eiskalt traf mein Herz sein eisiger Blick,
es schmerzte wie Stiche von Messern.
Nun watschelt er in die Antarktis zurück
und ich - ich schwor mich zu bessern.

Beta vulgaris

Beta vulgaris auf Latein
die Runkelrübe heißt,
doch kümmert dieser Fakt kein Schwein,
wenn´s in die Rübe beißt.

Froschkonzert

Ein Klapperstorch stolziert im Kreis
und klappert vor sich hin.
Der Frack ist schwarz, das Hemd ist weiß,
was hat er wohl im Sinn?

Er freut sich sehr, das sieht man gleich,
er hat zwei Eintrittskarten
zum großen Froschkonzert am Teich
und kann es kaum erwarten.

Doch ist der Storch nicht so gemein
wie man befürchten muss.
Der Storch lebt nicht vom Frosch allein,
er schätzt auch Kunstgenuss.

Waldschadensbericht

Es ist sehr traurig, ist zum Fluchen:
Um einen Hain gesunder Buchen
zu finden, muss man lange suchen.

Auch sind in wachsenden Bereichen
die vormals stolzen deutschen Eichen
nicht mehr lebendig, sondern Leichen.

Zudem bohrt ständig immer tiefer
In Lärche, Tanne und in Kiefer
das Borkenkäfer-Ungeziefer.

Die Schuld am Schaden im Revier
hat leider meist das Menschentier,
das heißt mit andern Worten: Wir!

Rentierschlitten

Es gilt schon lang in Rentierkreisen
als einzig wahre Art zu reisen
das Schlittenfahren und unter Kennern
lässt man sich ziehen von Weihnachtsmännern.

Rentiere (*Rangifer tarandus*)

Es ist in diesem unserm Land
soweit ich das sehen kann
das Rentier Rudolf sehr bekannt,
das Zugtier vom Weihnachtsmann.

Und wer es drauf anlegt, der kennt noch dazu
bei etwas Überlegen
auch Donner und Blitzen und den Rest der Crew
von Rudolfs Ren-Kollegen.

Doch ist bei Rangifer tarandus
in seinem Bekanntheitsgrade
was Namen betrifft schon ziemlich bald Schluss,
das finde ich eigentlich schade.

Denn hinter diesen Exponenten
der Weihnachtstradition
gibt´s eine Reihe von Talenten
der jungen Generation.

Und diese stehen schon bereit
zum Sprung, dass man sie kennte.
Es ist vielleicht schon bald so weit:
Auch Rentiere gehn mal in Rente.

Schmetterlinge

Wenn sommers zwischen Blütenblättern
die Schmetterlinge Lieder schmettern,
dann ist trotz Schmetterns dieser Chor
zu leise für des Menschen Ohr.
Doch heißt es, dass es herrlich klinge,
das Sommerlied der Schmetterlinge.

Ursache und Wirkung

Ein Eichhorn spricht zum Eichenblatt,
das es im Baum getroffen hat:

Es spricht: „Ich glaub es einfach nicht,
da bist Du so ein kleiner Wicht,
doch wenn Du einmal Dich verfärbst,
dann wird es unvermittelt Herbst.

Wer hätte das denn je gedacht -
so´n kleines Blatt und so viel Macht.

Zapfenstreich (1)

Die Nachtigall hat soeben gesungen,
es ist also Zeit für den Zapfenstreich,
so ruft Mutter Eichhörnchen nach ihren Jungen.
Die antworten: „Mutter, wir kommen gleich!

Wir sind noch dabei, dieweil sich von unten
die braunen Zapfen im Baum alle gleichen,
zur Unterscheidung all diese mit bunten
verschiedenen Farben frisch anzustreichen."

Pinguine

Pinguine sind an Land,
wenn sie (um die Hüfte mollig)
so wie eine korpulente
unbeholfne Schnatter-Ente
watscheln, oftmals etwas drollig.
Doch im Wasser: Elegant!

Amöben

Auch Einzeller haben von Zeit zu Zeit
untereinander recht heftigen Streit.
Da wird dann nicht selten herumgepöbelt,
bis einer den anderen ver-amöbelt.

Wolf im Schafspelz

Ein Wolf im Schafspelz mischte sich
unter die Schafe leise,
auf dass er so gelegentlich
ein fettes Schaf verspeise.

Das ging zunächst auch ziemlich glatt,
doch hatte er vergessen:
Ein Wolf, der sich wo einschleicht, hat
ein Kreidestück zu fressen.

Drum ging der Plan ihm gründlich schief,
weil man ihn bald durchschaute,
denn seine Stimme war zu tief,
worauf man ihn verhaute.

So blieb der Wolf nicht ungeschor'n,
er kam sogar am Ende um.
Man zog sein Fell über die Ohr'n,
jetzt läuft ein Schaf im Wolfspelz rum.

Landluft

Er füllte sich die Lunge tief,
sein Lächeln fror und wurde schief,
es wurde starr und „Junge!", rief er,
„Wo kommt denn hier nach Dung der Mief her?"

Obst

Ich sah einen herrlichen Apfelbaum,
der randvoll mit Früchten hing.
Ich traute jedoch meinen Augen kaum:
Als jemand vorüberging,

da hatte der Obstbaum tatsächlich die Stirne
(mit dem war schlecht Kirschen essen!)
und warf einen Apfel ihm auf seine Birne.
Der Wurf hat so richtig gesessen.

Zwar pflaumte das Opfer den Apfelbaum an
und frug, ob er Anschläge plane,
doch war das, wie jeder verstehen kann,
dem Apfelbaum völlig Banane.

Auf der Lauer

Es stieg eine Wanze hinauf auf die Mauer
und legte sich dort kurzerhand auf die Lauer.
Das hat eine ziemliche Weile gedauert,
ich habe die Wanze beim Lauern belauert
und war vergnügt.

Doch kennt man das Lauern der Wanze genauer,
dann ödet es irgendwann an auf die Dauer,
weil man bemerkt, dass im Großen und Ganzen
die Wanzen beim Lauern nur lauern - nicht tanzen.
Das Volkslied lügt.

unken

Es unkt die Fröschin ab und an,
und ebenso der Fröschin Mann.
Es unkt die Kröte ganz verstört,
die Unke unkt beständig.
Sie unken „Wenn der Storch uns hört,
dann frisst er uns lebendig."

kröten

Man sieht um unsern Teich herum
recht häufig ein Amphibium.
Erst kürzlich traf ich eine Kröte,
die schilderte mir ihre Nöte.

Die Eitelkeit der meisten Unken
hat dieser Kröte sehr gestunken.
Der Unkenstolz sei drauf gegründet,
dass „unken" sich als Verbum findet
seit jeher in der Menschensprache,
weshalb sie mir den Vorschlag mache:

Man nenne doch der Frösche Tröten
statt „quaken" künftig lieber „kröten".

Täus-chung

Ich saß in meinem Häuschen
und machte grad ein Päuschen,
da hörte ich ein Mäuschen,
doch kann ich mich auch täuschen

Morgenstunde

Jeden Werktag in der Frühe
bringt der Bauer seine Kühe
auf die Weide, dass sie fressen.
Daran lässt es sich ermessen:
Dieser bauernschlaue Bauer
ist ein ganz besonders Schlauer,
denn er denkt sich: „Morgenstunde
hat bekanntlich Gold im Munde."

Leider gibt es Gold im Frühen
selten in dem Maul von Kühen.

Schönes Wetter

Wenn bei diesem wundervollen
Wetter reichlich Blütenpollen
meine Atemwege kreuzen,
muss ich mich andauernd schneuzen.

Ja, die Pollen, diese fiesen,
bringen Juckreiz, Husten, Niesen.
Schönes Wetter ist deswegen
anstatt Sonne
      für mich
         Regen.

Kreide

Gewöhnlich tut ein Stückchen Kreide
nicht einmal Fliegen was zu leide.
Wird so ein Kreidestück indessen
von einem bösen Wolf gefressen,

und der kann dann die sieben Geißen
mit kreideweißen Zähnen beißen,
dann bringt die Kreide manches Leiden,
doch ist es ihr kaum anzukreiden.

Erntezeit

Es hing ein Baum voll reifer Feigen,
doch waren diese etwas eigen,
was sich sehr deutlich daran zeigte,
dass keine Feige dazu neigte,
den Sturz vom Baum herab zu wagen.

Da hörte man ein Feiglein sagen:
„Seht einmal her, Ihr feigen Feigen,
was Mut ist, soll mein Sprung Euch zeigen!"
Da wurden auch die andern munter
und fielen runter.

Fallobst

Es heißt, dass nirgends auf der Welt
der Apfel weit vom Stamme fällt
und das bedeutet dann gewöhnlich:
Die Kinder sind den Eltern ähnlich.

Doch auch für Kirsche und Zitrone,
für Kiwi, Pflaume und Limone,
für Pfirsich, Quitte, Ananas
gilt für die Fallentfernung das,
was man zuvor vom Apfel las.

Beziehungsweis, mit andern Worten,
es gilt für alle Frischobstsorten
und dessenthalb versteh ich nicht,
warum man stets vom Apfel spricht.

Tiere (1)

Als sich das reiche Priva-Tier
im Börsencrash verspekulier-
te war ihm plötzlich klar,
dass es ein Plei-Tier war.

Tiere (2)

Ein Klis-Tier kam zum Hauptquar-Tier,
doch ließ man es nicht ein.
Das Por-Tier wies zur Hintertür:
„Du kommst nur hinten rein."

Wiederkäuer

Ein Rindvieh besann sich auf feine Manieren,
beschloss, statt zu fressen fortan zu dinieren.
Es spitzte seit jenem das Maul äußerst zierlich
und aß, vielmehr: speiste sein Heu höchst
manierlich.

Und hatte das Rind seine Mahlzeit beendet,
so hat es diskret sich beiseite gewendet.
Es hoffte, dass solcherart niemand erschaute,
dass es das Verspeiste ein zweites Mal kaute.

Zwei Mängel

Es war ein wenig sonderbar:
Dem König fehlte für sein Schloss
ein Schlüssel.

Wogegen minder seltsam war:
Es fehlte an des Königs Ross
ein Rüssel.

Stolzer Pfau

Wenn einer pfauenähnlich protzt,
dann setzt dieses Gespreize
auch ungewollte Reize.

Es schlägt der Radschlag sozusagen
bei andern Leuten auf den Magen.
Kann sogar sein, dass einer sich übergibt.

Mülltrennung

Es gibt da einen Abfalleimer,
der lässt sich klaglos restbemüllen,
doch wertstofflich sich nicht befüllen.

Kommt wer mit Altglas oder Pappe,
verklemmt er seine Deckelklappe,
wodurch er effektiv vermeidet,
dass ohne Not die Umwelt leidet.

Er kennt halt seine Pappenheimer.

Skihaserl

Man sieht die Hasen beinah nie
im Winterwald auf Langlaufski.
Auch ist noch nie berichtet worden,
dass man im Snow sie sah beim Boarden.

Und überhaupt nie sieht man Hasen
auf Abfahrtsskiern talwärts rasen.
So ist das Skihaserl am Ende
wahrscheinlich nur eine Legende.

Eier

Ich mag es, Eier zu verspachteln
von Hühnern, oder auch von Wachteln.
Egal ob hartgekocht, ob weich,
gerührt, gespiegelt ist mir gleich.
Das einzig Wichtige dabei:
Ich mag nicht so gern Sauer-Ei.

Pflanzenfresser

Das Niedlichste hienieden ist
ein Reh, das junge Blätter frisst
und während es das Grünzeug kaut
mit großen Augen um sich schaut.

Doch würde uns das Fürchten lehren,
wenn Rehe Carnivoren wären:
Dann wär´ ihr liebster Gaumenkitzel
ein noch leicht blut´ges Jägerschnitzel.

Friedlich

Es sitzt ein Hase grashalmkauend
nach links nicht und nach rechts nicht schauend,
genießt die friedliche Idylle,
sowie der Wiesen Frühstücksfülle.

Er sitzt und fürchtet nicht den Jäger,
den grünberockten Lodenträger,
denn wie er da still mümmelnd frisst
weiß er genau, dass Schonzeit ist.

Anatomie und Leidenschaft

Nicht grad bekannt für ihre Küsse
sind tief im Meer die Oktopüsse,
doch kennen diese kein Erbarmen,
wenn sie sich achtfach fest umarmen.

Dann dringt das Blau aus allen Ritzen,
bis beide in der Tinte sitzen,
denn schließlich speist die Leidenschaft
sich gleich aus dreier Herzen Kraft.

Kopffüßler

Ein Paar der Gattung Oktopus,
ist in der Wasserwelt
im Regelfall von Kopf bis Fuß
auf Liebe eingestellt.

Schönwetter

Schönwetter, denkt man allgemein,
heißt wolkenfrei und Sonnenschein,
doch führen leider Blütenpollen
bei Manchem zur gestrichen vollen
Nase, oder machen Gräser
ihn kurzum zum Fanfarenbläser.

Wer derart ungewollt trompetet,
gejuckreizt und geaugenrötet,
der wünscht ganz ohne jede Frage,
dass wer die Pollen niederschlage.

So adelt letztlich Niederschlag
den Tag erst zum Schönwettertag.

Tausendfüßler

Ein Tausendfüßler spürte Steinchen
an einem seiner tausend Beinchen
und fand das überhaupt nicht witzig,
denn diese Steinchen waren spitzig.

Weil dies Ereignis dazu führte,
dass er sich fortan Schuhe schnürte,
blieb er seit jenem ungepiekt,
was überwiegend daran liegt,

dass er kaum mehr vom Flecke kam,
weil schon das Schuheüberstreifen
und Binden von eintausend Schleifen
extrem viel Zeit in Anspruch nahm.

Tausendfüßlerarmee

Die Tausendfüßlerinfantrie
verbreitet keinen Schrecken.
Mit Waffen schaffte sie noch nie,
die Kämpfer einzudecken.

Der General versuchte zwar
an Waffen zu gelangen,
doch ist der ganze Wehretat
für Stiefel draufgegangen.

Und doch: Die Tiere imponiern,
wenn sie mit tausend Füßen
die blanken Stiefel präsentiern
und militärisch grüßen.

Am Tausendfüßlerhof

Man muss dem König wie wir wissen
laut Protokoll die Füße küssen.
Das war am Tausendfüßlerhof
dem Fußvolk aber doch zu doof.

Und weil die Tausendfüßlerdamen
beim Knicksen kaum zum Ende kamen
ist eine leichte Fühlerbeugung
nunmehr die einzge Ehrbezeugung.

Trampelpfade

Ich lauf als Training für die Waden
des Sommers gern auf Trampelpfaden,
doch wenn zu wenige dort rennen,
ist bald der Pfad nicht mehr zu kennen,
verwuchert und ganz zugewachsen.
Kurzum: Gefährlich für die Haxen.

Ein Tausendfüßler hat hingegen
gar kein Problem mit Trampelwegen.
Entwuchert seinen Pfad alleine
durch Einsatz seiner tausend Beine.

Putzig

So manches Haustier gilt als putzig,
doch macht mich der Begriff leicht stutzig,
denn wenn besagtes Haustier schmutzt,
dann ist es meist der Mensch, der putzt.

Zugvogel

Es sitzt am Rand der Landepiste
ein Meisenvogel und ich wüsste
zu gerne, was das Tier da sucht.
Es hat doch keinen Flug gebucht?

Dann dreht sie ab, die kleine Meise,
und trippelt stracks zum Bahngeleise.
Auch wenn sie träumt von fernen Ländern,
kann sie ihr Naturell nicht ändern.
Ein Flieger ist nicht gut genug,
deshalb nimmt sie den Vogelzug.

Ende mit Schrecken

Heut morgen habe ich gestutzt:
Im Garten sah ich leider nur
statt Blumen eine Schneckenspur
und Strünke, völlig ratzgeputzt.

Doch jetzt vermin´ ich das Gelände
bis in die letzten Grundstücksecken,
denn lieber endet es mit Schnecken
anstatt von Schnecken ohne Ende.

Fischstäbchen

Ein Fischstäbchen schwimmt hin und her
und findet schwimmend kreuz und quer
das Stäbchenleben dort im Meer
höchst langweilig und fade.

Es schwimmt umher und wünscht sich sehr,
dass es ein Pottwal-Fischstab wär,
so um die zwanzig Tonnen schwer
(zuzüglich der Panade).

Wal satt

So gegen Ende der Polarnacht,
wenn Krill und Fisch sich langsam rar macht,
kommt´s vor, dass deutlich abgespeckt
ein Pinguin den Schnabel leckt
und sehnsuchtsvoll Visionen sieht.

Dann träumt er ein ums andre Mal
von einem riesengroßen Wal,
von einem Wal-all-you-can-eat.

Er spricht sodann zu seiner Frau:
„Wal-Sushi oder Walfisch blau
ist mir egal, solang es frisch ist."

Doch wird Frau Pinguin ihm sagen,
er soll das aus dem Kopf sich schlagen,
weil Walfisch schließlich gar kein Fisch ist.

Fuchslied

Füchse, die die Gänse stehlen,
hoffen immer sehr,
(wie auch Wolf und Bär),
dass die Jäger sie verfehlen
mit dem Schießgeweheher,
dass die Jäger sie verfehlen
mit dem Schießgewehr.

Doch kein Jäger schießt daneben,
wie ein Idiot
(wär ja dumm wie Brot)
und dann sind die Füchse eben
binnen Kurzem tohohot,
und dann sind die Füchse eben
binnen Kurzem tot.

Redefreiheit

Ein Papagei, buntfedrig prächtig,
war derart gut der Sprache mächtig,
dass er den Ruhm des Tierparks mehrte
in aller Welt, nur eines störte:
Er war fast nur am Widersprechen.

Um seinen Redefluss zu brechen
verband man ihm mit Schnur den Schnabel.
Die Wirkung dieses Knebels war.
im Grunde leicht vorhersehbar
und im Ergebnis miserabel:

Er saß in seinem Vogelbauer,
beleidigt, schwer gekränkt und sauer
und schaltete komplett auf stur,
selbst nach Entfernung jener Schnur,
so dass er nicht mehr widersprach,
doch auch sein Schweigen nicht mehr brach.

Jetzt wünscht man, dass er wieder spräche,
oder zumindest radebräche.
Du Vogel mit dem Prachtgefieder,
sprich wieder!
(Notfalls sogar wider)!

Live fast, die young

Es alberte ein Stein humorig:
Ach, wäre ich doch meteorig,
ich würde jünger mit der Zeit
aufgrund der Lichtgeschwindigkeit.

Es wäre aber falsch, zu meinen,
dass relativ zu Erdensteinen
dem Meteor die Jugend blüht.
Er lebt nur schnell, bis er verglüht.

Auf der Alm

Den Rindern, die auf Berges Almen
genießerisch die Halme malmen,
ist selbst der schönste Blick ins Tal
in aller Regel schnurzegal.

Selbst wenn glutrot die Alpen glühen,
geht das den allermeisten Kühen
bei ihrer Wiederkäuerei
komplett am Hinterteil vorbei.

Angler

Ein Angler, der im Trüben angelt
zeigt, dass es ihm an Durchblick mangelt,
und ist er ein besonders Blöder,
dann fischt er sogar ohne Köder.

Jedoch: Es wäre übereilt,
wenn man deshalb verur ihn teilt.
Zwar ist das Angeln so kaum lohnend,
doch wenigstens ressourcenschonend.

Es sind doch vielmehr die die Deppen,
die rücksichtslos ein Schleppnetz schleppen
und oft mit viel zu engen Maschen
auch noch den letzten Stichling haschen.

Die gehen gleichsam über Leichen,
den Hechten gleich in Karpfenteichen.

Mücke

Als ein fieser Mückenklang
mir in den Gehörgang drang,
ward mir wechselnd kalt und warm,
jeden Nerv durchfuhr Alarm.

Schlösse ich jetzt meine Augen,
folgte Stechen, Pieksen, Saugen,
bis mir alle Körperstellen
rotgebissen juckend schwellen.

Nervlich völlig abgewrackt
bin von Panik ich gepackt,
dass viel Geld ich jenem böte,
der die blöde Mücke töte.

Biss zum Abendgrauen

So mancher Film und manch Roman
befördert Schrecken, Angst und Wahn
vor Blutrunst-Monstern und Vampiren,
die ihre Opfer massakrieren.

Mich lässt das völlig unverschreckt,
ich habe nämlich längst entdeckt:
Es gibt schon im realen Leben
genügend Grund, vor Angst zu beben.

Ist erst die Sonne abgesunken,
naht schon das Heer der Erzhalunken.
Da fliegt der Mücken Kampfgeschwader
und sucht nach ungeschützter Ader,
die Rüssel in mein Blut zu tunken.

Computerolme

Manche Leute leben nur
zwischen Schirm und Tastatur
immerfort im selben Trotte,

Muskeln schlaff bis butterweich
und die Haut ist kreidebleich
wie bei Olmen in der Grotte.

Im Jahreswandel

Frühlingsgeräusch

Naturfreunde lieben den Vogelgesang,
doch möchte ich widersprechen,
denn mir gefällt am besten der Klang,
wenn im Frühling die Knospen aufbrechen.

Sommergeräusch

Ich lausche, wie der Sonnenschein
erzählt von seiner Reise.
Dazu muss man ganz leise sein -
und leiser noch als leise.

Herbstgeräusch

Wer herbstens unterm Sternenzelt
spazieren geht im Dunkeln,
hört ab und an im Rübenfeld
die Runkelrüben runkeln.

Wintergeräusch

Es war völlig still, so kam es mir vor,
doch merkte ich, dass ich irrte,
denn plötzlich drang ein Ton an mein Ohr:
Die Kälte, die leise klirrte.

Frühling

Weil des Frühlings blaues Band
wieder flattert quer durchs Land,
ist es Zeit, diverse Birken,
die mein Grundstück rings umzirken,
radikal an allen Stellen
hack- und sägend umzufällen.

Dieser Kahlschlag wird bewirken,
dass die aggressiven Pollen,
die als peinsam ich empfand
mich nicht länger quälen sollen.

Kurz gefasst

Sonnenhitze,
fließe zer,
dörre, schwitze,
durste ver.

Stirn und Wange
schweißbedeckt
und schon lange
hitzgefleckt.

Bin ermattet,
denn es hat
selbst beschattet
dreißig Grad.

Kurz und knapp:
Fühl mich schlapp.

Herbstlaub

Ich hörte einen Igel schnaufen,
der wohl für seinen Blätterhaufen
nach Blättern suchte.

Der Igel fluchte:
„Jetzt heißt es wieder überwintern
und ich erfriere mir den Hintern.
Verdammtes Nebelwetter.
Und außerdem sind Blätter
mal wieder knapp."

Er schimpfte über seine Not
(in Worten, die ich leider nicht
verwenden kann für dies Gedicht)
da wurden alle Blätter rot
und fielen ab.

Park & Ride

Am Reiterhof in unserm Ort
ist´s still die meiste Zeit.
Doch sonntags ist die Ruhe fort,
man merkt es weit und breit.
Dann stehen hundert Autos dort,
die machen Park & Reit.

Jack O´Lantern

Zum Halloween-Fest sieht man tierisch
oft eine Kürbiskopf-Laterne,
die da steht und sie funkelt trübe.

Doch schnitze ich mir meine gerne
aus einer schönen Runkelrübe
- echt irisch.

Herbstgedicht

Dies ist ein Herbsttag wie ich keinen sah,
der Wind pfeift bitterkalt aus Richtung Ost,
der Regen ungemütet fern und nah
und in der Menschen Knochen dringt der Frost.

Sie stört mich nicht, die Laune der Natur,
leicht fließen aus der Feder diese Strophen.
Es herbstet schließlich vor der Türe nur
und nicht hier drin am warmen Kachelofen.

Nikolaus

Was stell ich nur für Schuhe raus?
Nun ist es mit der Ruhe aus,
denn ich muss überlegen,

ob Stiefel oder die Pantinen,
man weiß es ja: Der Mandarinen,
der Nüss´ und Mandeln wegen.

Verärgert man den guten Mann
mit Schuhn, wo man viel reintun kann,
kommt Gier ihm ungelegen?

Ist andrerseits der Schuh zu klein,
dann plagt er sich und kriegt nichts rein,
das spricht doch wohl dagegen.

Ich hab´s: Ich stell drei Schuhe her,
groß, mittel, klein und hoffe sehr,
das ist nicht zu verwegen.

Weihnachtsmann

Ich war grad beim Shoppen, da sah ich inmitten
der städtischen Fußgängerzone
einen riesigen prächtigen Rentierschlitten,
doch kümmerte das nicht die Bohne

das kaufende Volk, das im Dauerlauf
konsumierte, als gäb es kein Morgen.
So fiel auch der alte Mann keinem auf,
nur mir - und ich machte mir Sorgen.

Soweit ich es sah hinter seinem Bart,
wirkte er ziemlich gestresst.
Mir schien, ihm läge nichts an der Art
von Kaufrausch zum Weihnachtsfest.

Ich lud ihn auf ein Tässchen Kaffee ein,
er dankte und lachte gequält.
Wir warn in dem tosenden Treiben allein,
da hat er mir etwas erzählt:

Und was das Unglaubliche an dem Bericht war:
Er sei zwar das Original,
doch fühle er sich mehr und mehr verzichtbar,
das wäre ihm eine Qual.

Die Kaufwut der Menschen, die gäbe zu denken,
das Schlimmste sei bei dem Treiben,
er könne, wenn Menschen schon selbst so viel
schenken,
in Zukunft zu Hause bleiben.

Weihnachtswunsch

Es stand eine junge Tanne im Wald
es war schon Dezember und bitter kalt.
Sie träumte für sich einen schönen Traum,
sie wünschte, sie wäre ein Weihnachtsbaum.

Sie sah sich ins warme Zimmer gestellt
und geschmückt als den prächtigsten Christbaum
der Welt.
Was kann es denn Schöneres geben
in einem Tannenbaumleben?

Ihr Wunsch ward erfüllt, sie wurde geschlagen
und von einem Mann in sein Haus getragen.
Das hatte der Tannenbaum nicht bedacht,
dass erst Fällen den Waldbaum zum
Weihnachtsbaum macht.

Der Wunsch der Tanne war töricht, wie's scheint,
denn so hatte sie das auch nicht gemeint.

Meditation

Immer wenn es schneit
nehm ich mir die Zeit,
mit geröteten Backen,
den Kopf in den Nacken
zum Himmel zu sehen.

Dann bleibe ich stehen,
bis die Nase schnieft
in den Tanz
der Flocken ganz
vermeditatieft.

Schlittschuh fahren

Kaum Schön´res gibt es bei der bittern
Kälte als auf Eis zu schlittern.

Nur eins, muss man bemerken dürfen,
ist schöner, nämlich Glühwein schlürfen.

Und optimal ist dies Gebaren:
Beim Glühweintrinken Schlittschuh fahren.

Winterzauber

Wenn es Winter wird,
dicke Flocken schneit
und die Vögel nach Süden entschwärmen,

wenn die Kälte klirrt,
wird es höchste Zeit,
dass wir Menschen am Glühwein uns wärmen.

Weihnachtspost

Weil jedes Jahr die Weihnachtsposten
die Leute graue Haare kosten,
vermeidet mancher schon den Stress
und schreibt stattdessen SMS:
„Hi, alle, merry X-mas □ (smiler)"
und schickt es über den Verteiler.

So wird zwar einfacher das Leben,
nur finde ich das voll daneben.

Winterzauber

Das ganze Land ist schneebefallen,
die Erde blinkt von Eiskristallen,
verzaubert liegt die weiße Welt.

Doch gibt es trotz der Winterpracht
auch einen, der sich Sorgen macht:

Der Kämmerer denkt an das Geld,
das Winterdienst samt Streusalz kostet,
drum fühlt er sich wie schockgefrostet.

Santa Klausel

Wer glaubt, dass die Juristerei
nur etwas für Juristen sei,
der sei im Folgenden belehrt,
denn dieser Glaube ist verkehrt.

Es pocht sogar der alte Zausel,
der Weihnachtsmann auf eine Klausel,
(die „Santa Klausel"), die bestimmt,
dass er nur solchen Wunsch annimmt,
der kleiner ist als der Kamin,
sonst nämlich ignoriert er ihn.

So lohnt es selbst bei Weihnachtsdingen,
juristisch jene zu durchdringen.
Wer nämlich dieses nicht bedenkt,
bekommt am Ende nichts geschenkt.

Weihnachtsstimmung

Jede Straße glitzert ganz
glitzerig im Lichterglanz
und es ist noch zu ergänzen,
dass die Sterne gleichfalls glänzen.

Kurz: Die ganze Welt ist gänzlich
glänzlich.

Voller Kalender

Ei verflucht, es ist die Pest:
Ausgebucht und schwer gestresst
hab ich Mo, Di, Mi und Do
ebenso wie Fr, Sa, So
Jun bis Dez und Jan bis Mai
keinerlei Termin mehr frei.

Dichtkunst und andere Künste

In der Kürze liegt die Würze

Ich begrüße Sie herzlich zum Seminar „Rhetorik für fortgeschrittne Studenten
Hier lernen Sie einfach und mühelos, zu glänzen mit ihren Redetalenten.

Die begnadeten Redner, die wirklich ausgesprochen guten,
dürfen über alles reden, nur nicht über fünf Minuten.

Denn Reden ist Silber und Schweigen ist Gold,
das haben wir letzens schon wiederholt.

Und überhaupt liegt in der Kürze
ganz unbestritten die Würze.

Sprichst Du nicht viel
nah ist das Ziel:

Es werden so
Zuhörer froh.

Nun - war
das klar?

Ja
!

Tiefsinniges Gedicht

reime rollen
rhythmen grollen
wortkaskaden
sinnbeladen
silben wirbelnd
hirn verzwirbelnd!

Magst Du´s nicht?
- Scheißgedicht.

Schüttelreim

Wenn ich dabei bin
das Unkraut auf dem Deich zu lichten,
sind Schüttelreime leicht zu dichten.

Das ist zwar Unsinn,
doch ist dieser Schüttelreim besser
als jener: Büttelreim schesser.

Denkblockade

Ich muss mich manchmal überwinden
und es dauert dann eine Weile,
bis ich beim Dichten oder Reimen
den ersten Reim finden kann,

doch platzt der Knoten irgendwann
und ich spüre die Hoffnung keimen,
auch für die erste Zeile
noch einen Reim zu finden.

Unvollendet

Ein Bleistift im Dienst eines jungen Poeten
hat diesen Poeten verzweifelt gebeten,
er möge nicht ganz so viel dichten,
sonst würd´ er den Bleistift vernichten.
Da sprach der Poet, er lasse es bleiben
und hörte sofort auf zu schr

Ein Viertelpfund gemischte Gedichte

Die Dichtkunst eines Dichters war
ganz brotlos wie fast immer,
doch war es noch viel schlimmer:
Sie war auch jeder Butter bar.

Das Ende der Geschichte:
Es kam der Dichter auf den Hund,
da nahm er sich ein Viertelpfund
gemischelte Gedichte,

verspeiste sie in seiner Not
und er erkannte: In der Tat
sind die Gedichte ziemlich fad,
zumindst als Abendbrot.

Silbentrennung

Wenn länger dichterisch nichts lief
(das gibt´s von Zeit zu Zeit),
half manchem Dichter kreativ-
e Silbentrennung weit-

er, wobei man bei der bewuss-
ten Technik stets bedenken muss,
dass bei dergleichen Art von Schrei-
berei oft Silben übrigblei-

ben.

Publicity

Eigentlich war ja die Ausgangslage
völlig harmlos, man brauchte den Dichter
lediglich für eine Zeugenaussage.

Aber kaum war der Dichter vereidigt,
hat er sogleich den obersten Richter
und auch den Saaldiener gröblichst beleidigt.

Anschließend hat er dem Staatsanwalt
ebenso wie dem Delinquenten
kräftigen Armschwunges eine geknallt,
dem Rate folgend seines Agenten.

Weil dieser ihm sagte: „Publicity
egal welcher Ausprägung schadet Dir nie."

Katapo´strophe

Ich streifte jahrelang durch´s Land
und hab zu guter Letzt erkannt
al´s Frucht de´s inten´siven Sichten´s
da´s Herz´stück zeitgemäßen Dichten´s:

Veredle möglich´st jede Strophe
durch ein paar kra´s´se Apo´strophe,
weil Du den Le´ser sehr erfreu´st
sofern Du Apo´strophe streu´st,
auf da´s´s die Apo´strophema´s´sen
da´s Herz de´s Le´ser´s hüpfen la´s´sen.

Musenkuss

Es hatte der Dichter stets maßvoll gelebt:
Zurückgezogen, von Musen umschwebt.
Wobei man dazu noch bemerken muss,
dass Dichter im Regelfall glauben,
sie könnten sich nur durch den Musenkuss
in höhere Sphären schrauben.
Und endlich entschloss sich ein niedliches Müschen
und hauchte dem Dichter ein zärtliches Küsschen.

Ach hätte die Muse es dabei belassen,
doch hat sie zudem - es ist kaum zu fassen -
von ihrer Leidenschaft selbst überrrascht
den Dichter wild musenküssend vernascht.

Der Dichter indes kam ganz aus der Puste,
indem mit der stürmischen Muse er schmuste.
Auch dachte er mitnichten
ans Dichten.

Ümläüte

Für wen die Sprache von Goethe und Luther,
für wen das Deutsche die Sprache der Mutter,
der ist mit herrlichen Zeichen beschenkt,
wenn man nur einmal an die Umlaute denkt.

Bedenkt man, wie sehr so ein Umlaut putzt,
dann wird dieser Sprachschatz zu wenig genutzt.
Ünd därüm gelöbe ich, nün ünd förtän
Ümläüte zü nützen, wö immer ich känn.

Versmaß

Es feilt der Dichter, dieser doofe,
seit Tagen an derselben Strophe.
Fast fertig ist schon das Gedicht,
Nur passt zu seinem Unmut irgendwie das
Versmaß immer noch nicht.

Brotlos

Die Dichtkunst ist brotlos, darum sind die Dichter
im Großen und Ganzen geübte Verzichter.
So sind denn die meisten bescheidne Gemüter,
verzichten auf jegliche irdischen Güter.

Verzichten auf Wein und Gesang und zur Not
verzichten sie sogar auf Wasser und Brot.
Doch wenn sie auch klaglos auf vieles verzichten,
verzichten die Dichter doch niemals aufs Dichten.

Ged-icht

Ein Dichter erdichtet ein langes Gedicht,
das Reimwort betreffend sehr einfach und schlicht,
denn jede Gedichtzeile endet auf „-icht"
und etwas andres gelingt ihm auch nicht.
So reimt er Verzicht auf Bericht, Wicht und Gicht
des weiteren Pflicht auf Gesicht, Licht und Schicht.

Die Verse sind Schwachsinn, so stopft unser Dichter
das ganze Gedicht in den Aktenvernichter.

Schwacher Punkt

Ich bin ein Mensch fast ohne Laster,
nicht Alkohol, nicht Zigaretten,
kein Glücksspiel, nicht mal Pferdewetten,
die Frauen nicht und nicht der Zaster
auch lüg ich niemals eine Lüge.

Mein schwacher Punkt ist dahingegen,
dass ich manchmal des Reimes wegen
ein wehrloses Wort verbüge.

Lampenfieber

Eine Solo-Nachtigall
war ein echter Sängerstar,
was jedoch in ihrem Fall
gar nicht so erfreulich war,
denn die Nachtigall stand nicht
allzu gern im Rampenlicht.

Dieses kommt zwar selten vor,
doch es war nun einmal so.
jetzt singt sie im Spatzenchor,
ganz und gar inkognito.

Vierzeiler

Der Zug fährt ein: Hier Endstation!
Jetzt muss ich mich beeilen,
da hält der Zug am Bahnsteig schon,
heut reicht´s nur für vier Zeilen.

Zensiert

Da war einmal der Halbverrückte,
der sich andauernd kraftausdrückte.
Die kraftvoll-derbe Poesie
missfiel den Leuten irgendwie.

So musste er, wenn auch mit Schmerzen
ein Gutteil seiner Dichtkunst schwärzen.
Nun liest man also beispielsweise:
Du █████, hau ab, ver████████ ███████!
Und wiederum zwei Zeilen später:
„Du abge████ ████-Verräter,
Du ████ fetter Riesen████!
Dir ███████ blase ich den Marsch
█████ ██ ████████,
█████ ██ ████ und ████████!"

Bittersüß

Seit die Muse dem Poeten
in das Atelier getreten,
einen Kuss aufs Haupt ihm drückte,
glückte, was zuvor nie glückte:

Es entfloss aus seiner Feder
anstatt Reimen zäh wie Leder
allerfeinste Poesie,
bittersüß wie vorher nie.

Noch nachzutragen ist zum Schluss:
Es war ein Pampelmusenkuss.

Lückenfüller

Hier ist noch ein Pätzchen leer,
passen grad vier Zeilen her,
nur ist so ein Lückenfüller
inhaltlich kein echter Brüller.

Classic Rock

Opa ging dem eignen Enkel
manchmal etwas auf den Senkel.
Was den Enkel stets verstörte
war, wenn Opa Radio hörte,
weil die Klassik doch zuletzt
nicht recht rockt und auch nicht fetzt.

Um den Opa zu bekehren,
auch mal Rockmusik zu hören,
kam am Ende er vorbei
mit ´ner mp3-Datei
und sprach: „So klingt echte action:
I can get no satisfaction!"

Was ihn aus der Fassung brachte
war, dass Opa lauthals lachte,
der das Lied schon lange hatte
(auf vinyler Langspielplatte).

Musik

Ich versuchte schon auf vielen
Instrumenten was zu spielen,
doch es sollte sich stets zeigen:
Trommeln trommeln, Geigen geigen,
Rasseln rasseln, Tröten tröten,
Schellen schellen, Flöten flöten,
Fiedeln fiedeln, alles das
machte mir nicht wirklich Spaß.

Es wird Zeit, mal zu probieren,
auf Klavieren zu
spielen.

Unbeschriebenes Blatt[1]

Weiß und völlig rein/ soll es sein/
darum lasse ich das Schreiben/ einfach bleiben

Hitze

Heute ist das Wetter spitze,
sommermäßig ist die Hitze.
Das ist wirklich angenehm,
doch ergibt sich ein Problem:

Sonne brennt mir auf die Mütze,
während ich im Garten sitze.
Fünfunddreißig Grad im Schatten
lassen mir das Hirn ermatten.

Und so finde ich mitnichten
zu verschiedenen Gedichten,
die so gut begonnen hatten
einen Reim
wie jetzt auf -atten.

Zwischen den Zeilen

Ich bin schon seit jeher der Meinung gewesen,

man muss manchmal zwischen den Zeilen lesen.

Das gilt für Romane, Artikel, Berichte,

Aufsätze, Meldungen - und für Gedichte.

Doch muss man sich andererseits davor hüten,

zu lang dem verborgenen Sinn nachzubrüten.

Das sieht man am Beispiele diesen Gedichts,

hier steht nämlich zwischen den Zeilen:

Nichts.

Au-tokorrektur

Ich fiel baunahe ab vom Glauben,
als kürzlich baum Gedichteschrauben
der Schraubcomputer plötzlich rauchte.
Ich schrak zusammen und erblauchte
und fragte mich: „Was tut er
denn da, der Schaußcomputer?"

Es war, so habe ich entdeckt,
die „Autokorrektur" defekt.
So wurde denn zu guter letzt
aun jedes „au" durch „au" ersetzt.

Bahnbrechend

Es findet sich einfach und fast ohne Mühe
ein Reimwort auf Rinder, auf Stiere und Kühe,
doch wirkliche Dichtkunst ist so etwas nicht,
kein Fall, wo der Geist neue Bahnen sich bricht.

Ich habe zu Höherem auf mich geschwungen,
besungen, was niemand zuvor je besungen,
in Sphären weit jenseits der geistigen Kleinheit:
Rauhfutterverzehrende Großvieheinheit.

Wortgespielt

Habe jüngst gezeitunglesen,
bin sehr gebetroffenwesen
von der schlaggezeilten Klage,
keiner sei mehr in der Lage,
sich das Deutsche vorzuknöpfen,
sprachzuspiel- und wortzuschöpfen.

Nach bedächtiger Bedacht
hab ich dies gerechtundbilligt
und sogleich geanfangmacht,
geistesschwach doch fleischgewilligt.

Akzente setzen

Erstmals fand ich seit Monáten
einen Reim auf Fleischtomaten
und da habe ich begriffen:

Durch das Setzen von Akzenten
in entscheidenden Momenten
lässt sich manch Problem umschiffen.

GeszUvZBSchZ

Ein weithin berüchtigter Zungenbrecher,
ein körperverletzender Schwerverbrecher,
brach arglosen Leuten oft meuchlings die Zungen.

Nun ist es zum Glück letzten Endes gelungen,
den hinterlistigen Täter zu packen
und aufgrund des Gesetzes zur Unterbindung
von Zungenbruchschmerzen und Zungenverwindung
(GeszUvZBSchZ) zu verknacken.

Das GeszUvZBSchZ trat erst kürzlich in Kraft,
doch kommt es vermutlich bald selber in Haft.

Stille Wassermusik

Wenn einer plötzlich Händel will,
der sonst als Wasser eher still
und haut gewaltig auf die Pauke,
ja, er erweist sich als Rabauke,

der seinen Unmut deutlich zeigt
und allen seine Meinung geigt
und dies auch noch herausposaunt,
sind alle Leute bass erstaunt.

Schrei(b)papier

Auf meinem Tisch lag ein einzelnes Blatt,
wie Blätter so sind: völlig still.
Doch plötzlich, ganz unvermutet, da hat
es plötzlich geflüstert: „Ich will
mich unterscheiden von anderen Blättern
und möchte so richtig laut brüllen
in riesigen, fetten, kursiven Lettern."

DEN

WUNSCH

WILL ICH

IHM GERN

ERFÜLLEN

!!!

Outsoulcing

Mich hat eine Wiltschaftsnachlicht velstölt.
Ich habe nämlich vol kulzem gehölt,
dass Konkullenzdluck velmehlt dazu fühlt,
dass Albeit nach China vellagelt wild.
Del Glund ist, dass dolt alles billigel sei.

Dem Tlend folgend habe auch ich expandielt.
Dies plima Gedicht wulde dolt ploduzielt.
Zwal hatte ich elst noch gewisse Bedenken,
dies könne die Güte del Dichtung einschlänken,
doch leimt sich´s wie jedelmann sieht einwandflei.

Fehlerfrei

Mein Schreibcomputer ist perfekt,
ein jeder Fehler wird entdeckt.
Nichts stört den Genuss meiner schönen Gedichte,
der Dreckfehlerteufel ist nunmehr Geschichte.

Minenspiel

Ein Bleistift, der Packung entrissen, fand
sich wieder in eines Künstlers Hand,
welchselbiger stets seine Kunst produzierte,
indem er ausschließlich Schraffuren schraffierte.
Alsbald schon bemerkte der Bleistift bestürzt:
Es hatte ihn schon um die Hälfte gekürzt.

Doch als er sein nahendes Ende bedachte,
erkannte er, dass der Künstler sein Leben
zwar deutlich verkürzt, doch auch Sinn ihm gegeben.
Und weil der Gedanke dem Bleistift gefiel,
als Kunstwerk unsterblich zu werden, machte
er gute Mine zum bösen Spiel.

Konzertpremiere

Wie bekannt macht jedes Böhnchen
beim Verdauungsvorgang Tönchen.

Als man Bohnentopf servierte
in der Pause der Philharmonie,
kann man sich denken, wozu das führte:
Es gab ein Konzert wie vorher noch nie.

Urplötzlich ertönte aus dem Parkett
ein einzelner Pups, zunächst noch piano,
der füllte den Konzertsaal komplett
mit einem Hauch von frischem Guano.

Die Lautstärke stieg und mit ihr in kurzen
Abständen auch das Tempo: Andante
(gemäßigt schreitend) ertönte das Furzen,
wie jeder Kenner sogleich erkannte.

Dann weiter Crescendo, bis auch die letzten
Gäste im Saale ganz unwillkürlich
mit plötzlichem Einsatz Akzente setzten
und alle sforzato natürlich.

Zum Finale dieses Konzertes erklang
ein Tusch (furzissimo) wie von Trompeten
als sich die Gäste im Oberrang
lautstark in tutto entblähten.

Dann breitete völlige Stille sich aus,
bevor man anhub, die Künstler zu lohnen
durch einen donnernden Schlussapplaus,
minutenlang stehende Ovationen.

Zu kurz

Versucht ein Dichter in vier Zeilen,
den Lesern etwas mitzuteilen,
dann kann das funktionieren, doch
es wirkt auch manchmal abgebroch-

Im Rausch

Man lässt sich in Räuschen
die Sinne leicht täuschen
und sieht weiße Mäuschen.

(Auch reimen sich dann Sachen,
die das normal nicht machen).

Unrein

Neulich waren, gar nicht witzig,
alle Wege regenglitschig
und ich machte, weil es rutschig,
fallend mir die Hose schmutzig.

Schwer genervt und eingematscht
hab ich dies Gedicht verpatzt:
Mir gelangen leider keine
reinen Reime.

Musik

Ob einer jazzt, ob einer rockt,
auf einem Glockenspiele glockt,
ob einer schief im Chore säuselt,
dass es die Trommelfelle kräuselt,

ob jemand harte Rhythmen stampft,
man minniglich die Harfe klampft,
ob man als echter Virtuoso
piano oder furioso

die Geige streicht, das Becken trifft,
Oboe bläst, gitarrenrifft,
ob einer schwermetallig kracht -
Musik ist eine Himmelsmacht.

Schlüsselfigur

Ein Notenschlüssel, fein geschwungen,
besetzte eine Schlüsselstelle.
Das ist ihm wohl zu Kopf gedrungen,
denn er war leider nicht sehr helle.

„Ich bin das erste Notenzeichen
vor allen Noten, Kreuzen, Pausen,
Ihr könnt mir nicht das Wasser reichen."
Die Andern hörten es mit Grausen.

Von unten klang's mit tiefem Schalle:
„O Eitelkeit, Solistenlaster!
Es braucht die holde Kunst uns alle,
Du Schlüsselchen, und damit bassta!"

Rotstift

Ein Rotstift, der die Künste liebte,
der wurde, was ihn tief betrübte,
doch üblich ist für seinesgleichen,
benutzt, um Zuschüsse zu streichen.

Am Ende kam es zum Eklat,
weil heimlich den Kulturetat
er eigenmächtig höher schraubte,
als er sich unbeachtet glaubte.

Natürlich hat die Eigenmacht
ihn prompt um seinen Job gebracht,
doch trug der Rotstift die Entlassung
mit äußerst lobenswerter Fassung.

Die Rohheit unsrer Unkultur
sah er für sich als Anlass nur,
fortan mit kräftig roten Strichen
als Künstler sich verwirk zu lichen.

Inspüration

Ich habe in den letzten Wochen
gelegentlich beim Suppekochen
gehackt, zerkleinert und püriert.

Als ich so ins Pürieren kam,
nahm ein Gedanke Formen an,
ich fühlte mich sehr inspüriert.

Wie eines so zum andern führte,
mich der Pürierstab inspirührte,
war kloßbrühähnlich plötzlich klar,
dass dies ein Inspürierstab war.

Pösie

Steht ein „a", „o" oder „u"
je mit einem „e" dazu,
schreibt man „ä", „ö" oder „ü"
so wie ich es ab jetzt tü.

Fortan lasse ich den Pöten
und den Mästro Obö flöten,
doch aktüll erkenn ich söben:
Sötwas geht auch mal danöben.

Punker

Gesicht gepierct mit manchem Klunker
und grünbehaart steht da ein Punker,
doch soll man sich gut überlegen,
alleine nur des Reimes wegen
ihn „Punk" zu nennen, anstatt „Pank",
sonst gibt es ziemlich sicher ~~Stunk~~ Stank.

Schachtelsatz (grammatisch korrekt)

Wenn etwas etwas seltsam ist
und der, der die, die das, das
man oft vergisst, vergisst, vergisst,
vergisst man ohnehin
des Schachtelsatzes Sinn.

Dass das so ist, ist krass, was?

Rätselhaft

Es ist auf rätselhafte Sachen
oft schwer, sich einen Reim zu machen
und umgekehrt: Wenn man es schafft,
dann ist es nicht mehr rätselhaft.

Zum Beispiel finde ich mit links
ein Reimwort für Ägyptens Sphinx,
ein unbekanntes Flugobjekt
ist nichts, was reimemäßig schreckt.

Es ist selbst bei Magie und Drachen
das Reimen irgendwie zu machen,
doch bei dem Einkommensteuergesetz
ist das mit dem Reim drauf machen nicht so
einfach.

Dichter und Denker

Einem Denker, der beim Dichten
ganz versunken ist ins Grübeln,
soll das Grübeln man mitnichten
je verdenken oder -übeln.

Beim Volksfest

Der Klang der Blaskapelle scholl
in schaurig trauerigem Moll.
Das steigerte sich immer doller,
die Bleche tönten immer moller
und das Finale scholl am mollsten,
da mollte es am grauenvollsten.

Der völlige Verzicht auf Dur
entsprang aus einem Grunde nur:
Man sch-mollte nämlich immer sturer
und spielte gar kein bisschen durer,
weil Musiker nun mal am stursten
sind, wenn sie ohne Bier verdursten.

Mollig

Soprane sind nicht selten mollig,
das finde ich ein bisschen drollig,
denn oft bestimmt die Partitur:
Der mollige Sopran singt Dur

Gedicht[1]

Es schuf ein Dichter ein Gedicht[2],
bei dem die Zeilen sich nicht reimten[3].
Um die Verständlichkeit zu stärken,
versah er sie mit Kommentaren[4],
so dass die Dichtkunst mit der Zeit[5]
der Leserschaft sich voll erschloss.

---

[1] Mit Fußnoten
[2] Es wurde jüngst veröffentlicht.
[3] Weshalb in ihm die Zweifel keimten,
    ob sie des Lesens würdig waren.
[4] Hier ist nichts weiter anzumerken.
[5] Zu Lasten ihrer Lesbarkeit[6].
[6] Was seine Leser sehr verdross.

Nachbars Schlagzeug

Ich schuf mit allerinnster Brunst
ein stillgelebtes Stückchen Kunst,
als sie die Stimmung mir versauten,
weil Nachbars auf die Pauke hauten.

Aus war es mit dem Stillgelebten,
die Wände und die Decke bebten.
Jetzt stelle ich RABADAWUMM
und ZACK! - auf Lautgemaltes um.

Kaffeepause

Ich schliff im Schweiß des Angesichts
die Rohform eines Scherzgedichts,
da hat´s gekaffeeduftet
und nach Gebäck gerochen.

Ich war total entmusenkusst,
denn plötzlich wurde mir bewusst:
Ich hab genug geschuftet,
jetzt wird kurz unterb-

Welt des Sports

Siegerehrung

Der Sieg war greifbar in der Nähe,
schon winkte die Kristalltrophäe,
doch mit dem letzten Schmetterball
zerschmetterte er den Pokal.

Jetzt drückt ihm der Vereinsvorstand
leicht ungehalten nur die Hand.

No Sports

Der Arzt hat mir neulich empfohlen:
„Am besten, Sie specken mal ab,
dann wird sich Ihr Knie bald erholen,
der Kreislauf kommt wieder auf Trab."

Er riete mir, häufig zu laufen,
das stärke die Muskelkraft,
ich könne dann auch besser schnaufen
und wär nicht so abgeschlafft.

Er wolle besonders betonen,
das Tolle am Laufen sei
der Aufbau von Glückshormonen,
die führten zum „Runners High".

Ich dachte: „Die Glückshormone
sind sicherlich ein Genuss,
jedoch ein „High" ist nicht ohne,
drum fasste ich den Beschluss:

Ich hab´s mit dem Laufen nicht eilig,
denn eins ist doch sonnenklar:
Mir ist die Gesundheit zwar heilig,
doch hier besteht Suchtgefahr.

Feschitist

Die Brille cool, die Marken teuer,
die Schi sind neuer noch als neuer
und gar nichts zählt abseits der Pisten,
so einen nennt man: Fe-Schi-tisten.

Schalk um den Nacken

„Das Leben als einfacher Schal ist zu schal",
schalt ein Schal aus Dortmund nicht leise.
„Als Fanschal wär wenigstens Stimmung
manchmal,
nur Schalke-Schal wäre schlecht."

Dabei hat dem Schal, fast hätt ich´s vergessen,
der Schalk im Nacken gesessen.

Aus der Traum

Ein Rodelschlitten mit blitzblanken Kufen,
der fühlte zu Höherem sich berufen:
„Olympiasieger wäre ein Job,
am besten vielleicht als Viererbob."

Dann fing er an, vor Freude zu jodeln:
Vier Kinder beschlossen, gemeinsam zu rodeln.
„Jetzt bin ich endlich ein Viererschlitten",
dachte er fröhlich, aber inmitten

des Rodelhanges gab´s eine Schanze,
die Vierermannschaft ging mutig aufs Ganze,
worauf der Bob einen Luftsprung machte
und leider beim Aufprall donnernd zerkrachte.

Kanuten

Einige der schönsten Routen
auf Kanälen für Kanuten
sind für einige Minuten
täglich mit Gefahr verbunden.

Manchmal drehn auch ganze Stunden
Ausflugsdampfer ihre Runden
und um sich nicht zu verwunden
muss sich, wenn die Dampfer tuten,
der Kanut ganz kräftig sputen,
mannhaft paddeln in den Fluten.

Dabei geht´s - ist zu vermuten -
manchesmal nur um Sekunden.

Olympischer Geist

Ich guckte Massenstart der Damen,
als mir ein paar Gedanken kamen,
das heißt, ich ahnte länger schon:
Das Leben ist wie Biathlon.

Das sieht man daran, dass man oft
völlig vergeblich darauf hofft
(so wie man sich in seinen Träumen
das vorstellt), alles abzuräumen,
ins Schwarze trifft mit jedem Schuss,
dass jede Scheibe fallen muss.

Nur hofft man wie gesagt vergebens
zu vielen Zeiten seines Lebens
und dann kommt man erst recht ins Schnaufen:
Dann muss man Extra-Runden laufen,
doch gilt im Sport wie auch im Leben:
So grausam ist das Leben eben.

Moral: Im Falle eines Falles
ist das Dabeisein eben alles.

Stimme des Volkes

Es dröhnt im Stadion der Chor
der Fangesänge an mein Ohr,
aus denen man entnehmen kann:
Der Trainer ist der beste Mann.

Ganz anders klang´s vor ein paar Tagen
nach zwei gesalznen Niederlagen.
„Den Trainer raus!", so schrien sie.
So ist das mit vox populi.

Ballertristen

Einen Autor von subtiler
Sprache nennt man Belletristen.
Diesem ganz und gar nicht ähnlich
(außer klanglich) sind gewöhnlich
Bundesligafußballspieler.
Jene heißen: Ballartisten.

Vergänglicher Ruhm

Nach gewonnenem Finale
musterte er die Regale
im Vereinsheim, wo Pokale
staubig blind seit vielen Jahren
Zeugen früh´rer Siege waren.

Stopfte dann mit einem Male
seine neue Meisterschale
achtlos in die letzte schmale
Lücke, denn er fand es trist,
dass der Ruhm vergänglich ist

Edelfan

So ein rechtes Fußballspiel
ist ein herrliches Ventil,
wo die primitiven Massen
kollektiv die Sau rauslassen.

Ich persönlich aber sehe,
wenn ich mal ins Stadion gehe,
mir das mehr mit Abstand an,
eben wie ein Gentlemann.
Wahre meine Contenance
auch bei einer Gegnerchance.

Doch ich merk, ich schweife ab -
Meine Fresse! Das war knapp.
So ein Kracher an den Pfosten
kann unheimlich Nerven kosten.
Na, ich sag nur: ruhig Blut.
Immerhin: Der Schuss war gut,
auch wenn früher Uwe Seeler -
Achtung! Schwerer Torwartfehler!

Nun, wo war ich stehn geblieben?
Da, schon wieder Nummer Sieben
RAUS DIE BLÖDE SAU! Na warte,
diesmal gibt's die rote Karte.
Hat ihm fast den Fuß gebrochen.
GELB? Der Schiri ist bestochen!

Das ist doch echt Scheibenkleister.
so wird wieder Bayern Meister
und die Flasche von Rechtsaußen
ließe ich als Trainer draußen.
Statt mal loszusprinten steht er...
Wieso gibt´s denn jetzt Elfmeter?
SCHIRI, DUMME NUSS, HALTS MAUL,
DAS WAR NIE UND NIMMER FOUL!!!

Workout

Aus dem Auto ausgestiegen
sieht man ihn mit schwerem Schritte,
Rettungsringe um die Mitte,
langsam um die Ecke biegen.

Angesichts der Treppenstufen,
die durch Automatiktüren
in das erste Stockwerk führen,
kommt der Fahrstuhl wie gerufen.

Um den Aufzug ist er froh,
hilft er doch fürs Fahrradfahren
und den Stepper Kraft zu sparen,
hier im Fitness-Studio.

Fernsehkommentar

Es wäre alles wunderbar,
nur leider grenzt der Kommentar
im Fernsehn an das Bodenlose.

Ach, träfe ein verirrter Ball
des Kommentators Mikrofon!

(Im Zweifel reichte sogar schon
durch Zug des Steckers aus der Dose
ein eng begrenzter Stromausfall,
dass man das unerträglich schlechte
Gelabere zum Schweigen brächte).

Weltfremd

Da quatscht mich heute einer an,
sucht Smalltalk in der Straßenbahn
und fragt, was ich heut Abend tue.

Das zeigt, dass dieser gute Mann
wohl nicht von dieser Welt sein kann,
denn schließlich ist die triviale
Antwort: Heut ist Halbfinale.
Da ist doch klar: Ich publicviewe.

Ausgedupert

Es war von all den Laufrekorden
lang keiner unterboten worden,
drum war es eine Sensation,
als einer, den fast keiner kannte,
urplötzlich super-duper rannte,
quer durchs Olympiastadion.

Nun gab es dafür einen Grund,
das zeigte der Laborbefund.
Der machte allen Leuten klar,
dass der zuvor Gefeierte
lack- seine Fans nur meierte,
weil er ein Super-Doper war.

Bodybuilder

Auf der Liegewiese steht
muskelstrotzend ein Athlet
und posiert ein wenig eitel,
ölig glänzend bis zum Scheitel.

V-Form-Oberkörper nackt
und den Bauchraum sixbepackt
ist der Knabe leider wohl
steroidisch-anabol.

Epo-chal

Schwer beschmutzt ist oft die hehre
Spitzenleistungssportlerehre.
Zwar: Dank mancherlei Laboren
fühlt man sich wie neugeboren,

munter wird der Trainingsmüde
durch diverse Steroide
und es läuft noch mal so gut,
dopt man sich mit Eigenblut.

Doch wenn die Rekorde purzeln
ist ganz klar: Es sind die Wurzeln
solcher epo-chalen Leistung
eine Maximalerdreistung.

In-Fan-til

Ein Fan, der wahrhaft in-fan-til ist,
fühlt nach der Derbyniederlage
sich wie am Ende aller Tage,
weil Derbysieg das höchste Ziel ist.

Nur jemand, der komplett debil ist,
wird so verwegen sein, zu wagen
in seiner Gegenwart zu sagen,
dass Fußball letztlich nur ein Spiel ist.

Waghalsig

Riskiert ein Turner Kopf und Kragen
beim Räder- oder Saltoschlagen,
dann kann er die Erfahrung machen:

Es endet oft mit lautem Krachen,
wenn, weil Du zu sehr waggehalst,
Du unsanft auf den Boden knallst.

Aerodynamik

Dem Leichtathleten hilft enorm
ein Körper, der in Tropfenform
sich wölbt, dann nämlich sieht beim Sprinten
die Konkurrenz ihn nur von hinten,
wenn schlüpfrig durch den Wind er schlupft.

Aus diesem Grunde ist´s am Besten,
sich einen Kugelbauch zu mästen.
Nicht nur beim Sprint ist so ein Bauch
medaillenträchtig, sondern auch
wenn weit und hoch man guglhupft.

Trophäen

Fand im Winkel einer Truhe
meine alten Fußballschuhe.

Leder spröde und zerschlissen,
linker Senkel abgerissen
kündeten sie Stolz von Siegen
in den untren Fußball-Ligen.

Bin ich ehrlich, muss ich sagen:
Auch von manchen Niederlagen
(doch die will ich auch nicht missen).

Statt die Schuhe zu entsorgen,
stelle ich sie deshalb morgen
hinter Glas auf Seidenkissen.

Kurzpass

Beim Passen gilt es zu erfassen,
ob die Bedingungen auch passen.
Wenn vorne mein Rechtsaußen schreit,
dann pass´ ich vierzig Meter weit.

Und wenn es mir einmal beim Pokern
gebricht an Assen oder Jokern,
beschließe ich total gelassen,
in dieser Runde kurz zu passen.

Ausritt

Wenn ich beim ersten Sonnenwetter
per Rennrad durch die Gegend bretter,
vom Kettensurren sanft begleitet,
die Frühlingsluft die Brust mir weitet,
das ist wenn Schnee- und Maiglock läutet
das Brettern, das die Welt bedeutet.

Rund ums Essen

Das Gegenteil von Alkohol

Das Gegenteil von Alkohol
ist äußerst hoch zu preisen.
Ja, man es höher preisen soll
als selbst den Stein der Weisen.

Denn jener, das ist auch nicht schlecht,
schenkt Dir die ewge Jugend,
doch dieses, überleg´s nur recht,
wenn Du den Pfad der Tugend

verlässt und ein paar Schnäpse kippst
und Pilse, Weine, Biere,
Liköre und Champagner nippst,
weil: Wasser ist für Tiere,

dann droht ein fieser Kater Dir
doch wird Dir sofort wieder wohl
vom wundermächtgen Elixier:
Dem Gegenteil von Alkohol.

Pilzgericht

Schon mancher aß ein Pilzgericht
und ist daran gestorben.
Auch dieses hier war so gut nicht,
ich glaub es war verdorben.

Doch gibt es einen guten Tipp,
der hilft zu überleben,
und dieser lautet klar und klipp:
Die Pilze von sich geben.

Da hilft kein Schimpfen auf den Koch,
da hilft Dir auch kein Motzen.
Da hilft Dir nur das Eine noch:
Da hilft Dir nur noch…

Trennkost

Ich kam vom Laden gleich ums Eck
und kriegte einen Riesenschreck.
Man wird verstehen: Mich verstörte,
dass ich den Einkauf reden hörte.

Der Käse sprach: „He Ihr da drüben,
Ihr liegt herum wie Kraut und Rüben."
Da rief der Rum: „Du bist ja dumm,
hier liegen keine Rüben rum!"

„Was redet Ihr denn da für Käse?",
schrie daraufhin die Majonäse.
Der Käse drauf: „Auch wenn Du schreist,
das ist mir Wurst, damit Du´s weißt!
Du kriegst Dein Fett weg. Deinesgleichen
kann mir doch nicht das Wasser reichen."

„Hört sie Euch an, die Labertasche",
höhnte darauf die Sprudelflasche,
„der nervte mich schon unterwegs.
Der Käse geht mir auf den Keks."

Worauf ich mich sofort beeilte
und alles möglichst weit verteilte.
Und ich verstand in diesen Stunden,
warum die Trennkost ward erfunden.

Kaffee

Wenn ich meine Kaffeetasse
zärtlich um den Henkel fasse
und wenn ich dabei
gierig meine Oberlippe
in der Tasse Rundung stippe
Mund gespitzt als wie zum Kuss,
frag ich mich: Ist der Genuss
von Kaffee noch jugendfrei?

Pfefferkorn

Ein Pfefferkorn, das in die Mühle rollte,
war gar nicht scharf auf das Würzen.
Es schrie, wenn man es verwenden wollte:
„Jetzt nur nichts überstürzen!"

Und ging es dann in der Mühle rund,
sprach´s: „Nach Ihnen, bitte sehr.
Zu scharfes Essen ist gar nicht gesund
und weniger ist meistens mehr."

Beim scharfen Würzen hat nämlich ein Korn
von Pfeffer von vorneherein schon verlorn.
Das hatte es sofort erkannt
mit seinem scharfen Verstand.

Diät

Ein Berater im Radio sagte einmal,
das System „Friss die Hälfte" sei zu radikal.
Bewährt sei dagegen im Mittel
drei Viertel, vielleicht auch zwei Drittel.

Ich dachte: „Das grenzt ja an Mathematik"
und lenkte auf meinen Teller den Blick.
Dann hab ich die Pizza geachtelt
und alle acht Achtel verspachtelt.

Rosinen im Kopf

Da ist ein männlicher Rosin,
der träumt so gerne vor sich hin
und hat schon tausendeine Nacht
auf diese Weise zugebracht.

Er träumt von etwas Wunderbarem:
Von einem Sultaninen-Harem.

Hausmannskost

In der Kneipe gleich ums Eck
trink ich gern ein Bierchen weg,
oder drei, doch braucht der Magen
dafür gute Unterlagen.

Wenn man unsern Wirt drum bittet,
kriegt man Schnitzel, reich pom-fritted,
leicht umerbst, bebratensoßt,
eben echte Hausmannskost.

Powered by Nature

Es gibt so Leute, die dröhnen sich voll
Mit Ecstasy, Red Bull und Alkohol.

Ich finde das blöd und ich brauche das nicht,
denn will ich tatsächlich die Nacht hindurch rocken,
dann ess ich ein Schüsselchen Haferflocken
und warte darauf, dass der Hafer mich sticht.

Im Anschluss an so einen Flockenrausch chill ich
und trinke dazu einen Becher voll Milich.

Asket

Er brüstet sich, er sei Asket,
und zwar wie er im Buche steht.

Was zu erwähnen er vergisst:
Das Buch, von dem die Rede ist,
ist der berühmte Gault Millau,
denn es verhält sich nun mal so:

Auch die Asketen essen gerne,
bei Köchen, die gekrönt durch Sterne.

In vino veritas

Er hob das weingefüllte Glas
und sprach: „In vino veritas,
so steht es jedenfalls im Buche.
Heut gehe ich auf Wahrheitssuche."

Dann trank er aus in einem Zug,
doch war ihm das noch nicht genug
und um die Wahrheit zu erhaschen
bestellte er noch ein paar Flaschen.

Es wurde spät und immer später,
statt eines Katers drohten Käter,
bis ihn die Einsicht übermannte
und er beim Blick ins Glas erkannte:
„Der Kopfschmerz morgen wird kein Spaß."
(In vino wirklich veritas).

Suppenkunst

Es hat ein Koch sich seinem Streben
nach Suppenkochkunst ganz ergeben.

Er widmet sich auf diese Weise
mit Inbrunst jeder Suppenspeise.
Sein ganzes Augenmerk gebührt
der Suppe, wenn er diese rührt.

Sein Lohn: Mit dieser Suppenkunst
gewinnt er jeden Gastes Gunst,
er wird zum Meisterkoch gekürt.

Und eins ist klar: Wozu das führt ist,
dass Koch wie Suppe tief gerührt ist.

Wer´s glaubt

Schrecklich ist ganz ohne Frage
die Bilanz der Feiertage
kalorienmäßig.

Schon der erste Blick zur Waage
zeigt den ganzen Ernst der Lage.
War man zu gefräßig?

Daraufhin gelobt man eilig,
keine Plätzchen, keinen Stollen
jemals mehr verzehrn zu wollen.
Und wer´s glaubt wird heilig.

Milchkaffee

Es trat eine Kuh in die Gaststube ein,
da wurde der Kellner schon hektisch,
doch führte die Kuh sich nicht auf wie ein Schwein
und setzte sich brav an den Ecktisch.

Dann hat sich die Kuh einen Kaffee bestellt,
recht stark und so schwarz wie die Nacht,
und kaum war der Kaffee zum Ecktisch gebracht
ihn selber mit Milch aufgehellt.

Zwar hatten die Gäste das alles gesehen,
doch tat man diskret so als wär nichts geschehen.

Zapfenstreich (2)

Das Glas ist - frisch gezapft - nicht voll
mit Bier. Du fragst Dich, was das soll?

Bedenke: So ein Zapfenstreich
macht auf die Dauer Wirte reich.

Gefräßige Stille

Weil das Essen unvergleichlich
lecker ist und auch sehr reichlich,
hört man nichts als leises Schmatzen.
Danach bleibt es völlig still,

denn es hält jetzt jedermann
konzentriert den Atem an,
womit man verhindern will,
dass die Hosenknöpfe platzen.

Armes Würstchen

Ein Würstchen zischte, denn es mochte
das Wasser nicht, in dem es kochte.
Es platzte fast vor lauter Wut,
wie es so manches Würstchen tut,
doch hat der Zorn ihm nichts genutzt:
Ich hab´s besenftigt und verputzt.

Nougatcreme

Verzehrt man viel Nuss-Nougat-Creme,
wird manche Zone zum Problem
durch Pfunde, welche überflüssig.

Zwar gilt: die Nüsse sind im Grund
nicht schädlich, sondern sehr gesund,
doch Creme ist nicht nur haselnüssig.

Das Zeug ist leider auch gewaltig
mit Fett versehn und zuckerhaltig.

Verleiben

Man soll es mit dem Einverleiben
von Alkohol nicht übertreiben.
Denn hat man sich zu hoch gepegelt,
kriegt das die Leber nicht geregelt,
so dass nur eines übrigbleibt:
Dass man das Zeug sich ausverleibt.

Honigcarpaccio

Zum Sonntagsfrühstück richtig schlemmeln
ist wunderbar, nur sind die Semmeln
mit Nougatcreme und Marmelade
doch auf die Dauer etwas fade.

Dagegen schmeckt ganz unvergleichlich
aromareich und gaumenstreichlich
schön goldgelb oder ockertonig
hauchdünn geschnittner Scheibenhonig.

Späte Einsicht

Die Kehle brennend wie von Feuer
ist mir ein wenig ungeheuer.
Es packt mich schwerer Katzenjammer:
Der letzte Cocktail war der Hammer.

Und während dieser Hammer hämmert,
kommt der Moment, in dem mir dämmert:
Hätt ich für Fruchtsaft mich entschieden,
hätt ich den Kopfschmerz leicht vermieden.

Alkoholfrei

Zur Vermeidung von versteckten
Kalorien, die in Sekten,
Schnäpsen, Weinen oder Bieren
zur Gewichtszunahme führen,
lob ich die Enthaltsamkeit.

Man wird dünner mit der Zeit
und benebenwirkt dabei:
Man bleibt zudem katerfrei.

Verwürzt

Ich habe kürzlich lernen müssen:
Nach dem Genusse von gewissen
Gewürzen geht es mir be-
scheiden.

Der Anfang war, dass Tränen flossen,
doch war der Höhepunkt der Leiden,
dass mir am Ende ganze Massen
von blassen Sommersprossen sprossen
(mehr als auf eine Kuhhaut passen).

Verdrossen habe ich beschlossen:
Ab jetzt wird ungewürzt genossen.

Download

Es gab da einen Online-Shop,
der nannte sich „Herunter-Laden",
doch war der Name wohl ein Flop,
denn niemand lud sich etwas runter.

So ging der Shop den Bach hinunter
und - einmal dort - auch gleich noch baden.

Marktlücke

Es klingt vermessen und verrückt,
doch weiß ich, wo der Markt noch lückt.
Das wird sich schon in Kürze lohnen,
ich scheffle künftig die Millionen,
denn wo der Markt lückt, lockt die Kohle.

Besagte Lücke klafft inmitten
der Online-Fast-Food-Order-Welten,
die neuerdings der letzte Schrei.
Wenn ich dort nämlich Burger hole,
mit Laptop-Apple oder Ei-
phone ordern will, dann gibt es selten,
nein, nie! Die Ketch-App für die Fritten.

Unausgegoren

Es war beinahe schon bestürzlich
als ich beim späten Heimweg kürzlich
auf einen Polizisten traf,
dem ich - als wär ich angetrunken -
leicht wankend in den Arm gesunken,
dabei bin ich doch sonst so brav.

Ich habe ihm sodann erläutert,
ich sei nur deshalb angeheitert,
weil die zuvor genossnen Trauben
ganz offenbar in meinem Magen
der raschen Gärung unterlagen.

Er schien mir aber nicht zu glauben
und sagte vielmehr unverfroren,
das klänge nicht ganz ausgegoren.

Mammutschnitzel

Man speiste im Neandertal
die Mammutschnitzel gerne blutig,
man hatte nämlich ungeheuer
Respekt vor neumodernem Feuer.

Es war deshalb das erste Mal
als ein Neander es riskierte
und Mammutfleisch „well done" servierte
aus Sicht der Horde sehr mammutig.

Vom Winde verweht

Verzehr von Hülsenfrucht und Zwiebel
führt allgemein und binnen Kurzem
durch die gehäufte Zahl von Furzen
zu ungewolltem Dickluftübel.

Doch wer vor der Entscheidung steht,
sich das Entblähen zu versagen,
bedenke: Druckluft schmerzt im Magen,
der Furz wird bald vom Wind verweht.

Schwarzwälder Kirsch

Es ist bei Torten sicher so:
Teig ist das A, jedoch das O
ist das Dekor zum guten Schluss
mit Sahne oder Zuckerguss.

Kommt Schokolade noch dazu,
dann ist man schon bei E und U,
doch ist die Kirsche wie ich glaube
der I-Tupf auf der Sahnehaube.

Gepfeffert

War die Kochkunst auch banal,
kaum gewürzt, geschmacksneutral,
blieb gleichwohl das ganze Essen
lange Zeit mir unvergessen.

So gepfeffert warn die Preise,
dass sie in gewisser Weise
wie beim Biss in Chilischoten
mir die Luft zu nehmen drohten.

Als mir Tränen wangwärts rannen,
wollte ich den Wirt verbannen,
dorthin, wo seit alter Zeit
schon die Pfefferfrucht gedeiht.

Wissenschaft und Technik

Die Wahrheit über die Kelten

Erstens:
Den alten Kelten galten Falten
im Kilt als gut um auszuhalten
der kalten Jahreszeit Gewalten.

Zweitens:
Als eine von den festgestellten
Tatsachen unsrer Welt kann gelten,
dass Kelten nie bei Kälte zelten.

Drittens:
Die wilden Kannibalen killten
die Kelten in gedrillten Kilten
nur selten, nämlich wenn sie grillten.

Viertens:
Die Fässer rollten ungescholten,
randvoll mit Wodka (unverzolltem)
die Kelten heimwärts, wenn sie wollten.

Fünftens:
In grauer Vorzeit, schon im nullten
Jahrhundert - lernt man an Schulpulten -
war Kult der Kilt in Kelten-Kulten.

Expertenzwist

Es befragte den Kartogra-Fisch ein Hai
nach dem kürzesten Weg Richtung Nordernai.
Da ward er vom Orthogra-Fisch belehrt,
die Schreibweise „Nordernai" sei verkehrt.

Zwar sagte der Philoso-Fisch, es sei
ganz egal, ob es heiße „nai" oder „ney",
doch geriet er ob dieser Beliebigkeit
mit dem Spezi-Fisch in heftigen Streit.

Vom Expertenzwist war der Hai ganz benommen
und ist kurzerhand nach Amrum geschwommen.

Pflegehinweise

Verehrter Engel,
Sie sind nun Besitzer
von Flügeln der Marke „Himmelsflitzer".
Damit sich die Freude daran nicht vermiese,
beachten Sie bitte sorgfältig diese

Hinweise für langes Flügelleben:
-        Die Flügel nicht in den Trockner geben.
-        Sofern man auf der Erde genächtigt
und Staub den Flügelglanz einbeträchtigt:
In dreißig Grad warmem Wasser waschen,
doch nur von Hand, sonst laufen die Maschen.
-        Sollten Sie durch ein Gewitter fliegen
und ordentlich Sturm auf die Flügel kriegen,
dann hilft nur eins bei zerknitterten Flügeln:
Dann muss man sie (ganz vorsichtig) bügeln.

Nun, diese Hinweise sind genug,
wir wünschen allezeit himmlischen Flug.

Alchemismus

Der Alchemismus vom alten Schlage
führte zu gar nichts am Ende der Tage,
so dass man beschloss, mit anderen Dingen
den Alchemismus voran zu bringen.

Und siehe - nur wenige Monate später
war bereits einem jungen Vertreter
der Gilde das Glück des Tüchtigen hold.
Zwar machte er nicht aus Blei pures Gold,
doch schoss er nur knapp an dem Ziele vorbei:
Er machte erfolgreich aus Gold pures Blei.

Wettervorhersage

Hallo Fremder, auf ein Wort,
Sie sind wohl noch neu im Ort?
Ich sag es Ihnen im Vertraun:
Wenn Sie mal in die Ecke schaun,
der Mann da, der ist ein Spektakel,
wir nennen ihn hier „das Orakel".

Bestellt der Mensch ein helles Bier,
dann strahlen alle Leute hier
und jeder freut sich voller Wonne
auf die vorhergesagte Sonne.

Trinkt er hingegen roten Wein,
holt jeder schnell die Wäsche rein.
Auf die Prognose ist Verlass,
dann wird es höchstwahrscheinlich nass.

So geht die Liste munter weiter:
Bei Weißwein wird es wolkig-heiter,
bei Caipirinha wird es mild,
was auch für Apfelschorle gilt.

Ein Schnaps heißt: Dieser Sturm kann dauern
und Schwarztee: Schnee mit Hagelschauern.
Und trinkt er einen Magenbitter,
dann gibt es sicher ein Gewitter.

Jetzt Obacht! Unser Mann bestellt
und jeder Gast die Luft anhält...

„Zwei Magenbitter, Schnaps und Tee!"

Das kann doch gar nicht sein, Oje!
... Hat mich gefreut, ich trink jetzt aus
und Sie gehn besser auch nach Haus.

Expertenuhrteil

Der Uhrenmacher blickte stur
auf die kaputte Armbanduhr
und er erklärte: „Das Generve
liegt an der schwachen Gangreserve,
vielleicht auch an der Spulenwendel,
oder am krummen Gegenpendel
und manchmal sorgt die Wuppdität
dafür, dass eine Uhr falsch geht
anstatt, wie sie es soll, genau."
Er werde daraus nicht recht schlau.

Dann sagte er ironisch,
er fände das uhrkomisch,
das sei nun einmal dumm gelaufen,
ich solle eine neue kaufen.

Wählscheibe

Jetzt gibt es viele Jahre schon
das Tastenfeld am Telefon.
Und so gerät in letzter Zeit
allmählich in Vergessenheit
das Ding, das früher einmal war
und auch sein Name, ist ja klar.

Ich finde das sehr ärgerlich,
weswegen ich gelegentlich,
damit sie mir in Erinnerung bleibe
„Wählscheibe, Wählscheibe, Wählscheibe" schreibe.

Medizinische Empfehlung

So im Großen und im Ganzen
sollte das Gewicht vom Ranzen
zehn Prozent vom Kindsgewicht
haben, aber mehr auch nicht.

Doch weil in den meisten Fällen
alle Ränzen überquellen
und die zarten Kinderrrücken
schwerkrafthalber niederdrücken,
hilft nur eins: Die Kinder moppeln,
bis sie ihr Gewicht verdoppeln.

Herrentoilette

Meine sehr verehrten Herren,
die Sie wie die armen Irren
unablässig darauf harren,
dass wir diese Tür aufsperren:

Machen Sie sich nicht zum Narren,
es ist Zeit hier abzuschwirren
ohne Murren
ohne Knurren.

Nun ich weiß es klingt verworren,
(darf ich mal ne Fluppe schnorren?
Danke) - Dies WC für Herren
mussten wir, es tut mir Leid,
für noch unbestimmte Zeit
wegen Wasserrohrbruchs sperren.

Uhrologie

Die Uhrzeit meiner Armbanduhr
hat öfters schon getrogen.
Da hilft am Ende eines nur:
Die muss zum Uhrologen.

Uhrakel

Ich habe eine schöne Uhr,
doch hat sie einen Makel,
weil sie die Zeit höchst selten nur
korrekt zu zeigen schafft.

Ich finde das sehr rätselhaft
und nenn sie „das Uhrakel".

Heimwerkerweisheit

So mancher Chef wiegt sich im Glauben,
er könne stets die Daumenschrauben
bei seinen Leuten fester drehen.

Das Ende ist leicht abzusehen:
Das geht ganz sicher in die Hose,
denn eins ist klar: Auf fest folgt lose.

Unterhaltungselektronik

Ich weiß, es war Leichtsinn, doch wollt ich's probieren,
und selber das neue Gerät installieren.
Doch rächt sich solch Plan unter Garantie,
die Installation klappt auf Anhieb nie,

denn entweder fehlt das entscheidende Kabel,
oder das Handbuch ist miserabel,
oder - und das ist besonders übel -
das gute Stück ist nicht kompatibel.

Und erst nach Stunden entdeckt man verwundert
im Handbuch den alles entscheidenden Tipp
im Kleingedruckten auf Seite zweihundert,
doch diesmal beschließe ich klar und klipp:
Egal wie verlockend der Angebotspreis,
ich kaufe nie mehr solchen Technik-Krempel.

Blauer Fleck

Wenn einer mit dem Hammer haut
und knapp den Nagelkopf verfehlt,
dann wird er, wenn der Daumen blaut,
von einem Hämmertom gequält.

Globuli

Den Globus kennt fast jedes Kind,
doch kennt fast keiner die,
die klein wie Nadelköpfe sind,
man nennt sie Globuli.

Sie sind zwar wie ein Globus rund,
doch ungewöhnlich klein.
Sie zeigen nur Andorra und
ein Stück von Liechtenstein.

Denglisch

Selbst wer nicht will wird doch zuletzt
in dieser Zeit verinternetzt.

Ein jeder spricht vom Downgeloade,
auch kommt es mehr und mehr in Moade,
dass man sich zum Experten mowsert
und chattend durch die Netzwelt browsert.
Da wird gepostet und gemailt,
und bloggend reichlich Quatsch erzaihlt.

Ich fühl vom Affen mich gelowst,
weil es den Nerds vor gar nichts growst.

Offline

Ich finde es leicht übertrieben,
dass jeder vierundzwanzig/sieben
veronlinet ist.

Das ständige Erreichbarsein
schränkt ungemein die Freiheit ein.
Ja, mehr: Es frisst

der Online-Handy-Wahn im Grunde
auch noch die letzte Mußestunde.
Was folgt daraus?

Es wird nur der nicht halbverrückt,
der früh genug aufs Knöpfchen drückt.
Und zwar auf „aus".

Mäuse

Wenn Du vorm Computer sitzt
und dabei die Ohren spitzt,
merkst Du bald: Man hört nicht nur
Klappern von der Tastatur,
und des Laufwerks stetes Summen
nebst des Ventilators Brummen.

Auch ein Fiepen oder Rappeln,
leises Piepen oder Trappeln
tönt mitunter im Gehäuse.
Das sind die Computermäuse.

Heringe

Wenn ich übers Zeltgestänge
meines Zeltes Plane hänge,
ist das Zelt erst dann bedacht,
wenn sie richtig festgemacht.

Dies wird derart ausgeführt,
dass man sie verabspannschnürt,
und zwar vorne, seit- und rücklings
je mit Hilfe eines Bücklings.

Datenschutz (1)

Im Umgang mit sensiblen Daten
ist jedem Nutzer anzuraten,
dieselben sorgsam zu verwalten
und nicht zu viele vorzuhalten.

Man soll deshalb die Akten sichten
und was verzichtbar ist vernichten,
nur darf man die dann nicht verwechseln
und aus Versehn die falschen häckseln.

Datenschutz (2)

Mich erfasst ein arges Schaudern,
wenn die Weltweitweb-Benützer
offenherzig online plaudern.
Teilt denn niemand mein Entsetzen,
in den virtuellen Netzen?

Es muss doch die Datenschützer
über jedes Maß erbittern,
wie sie hemmungslos und fleißig
bloggen, posten, chatten, twittern?

(Nein, das schockt nur die Ü 30).

Quadratur des Kreises

Es harrt die Menschheit des Beweises
perfekter Quadratur des Kreises.
So hab ich ein Pilotprojekt
in stiller Kammer ausgeheckt
und habe einen Weg gefunden,
mit Pi und Lot den Kreis zu runden,
der kurz zuvor noch streng quadratisch.

Zwar eckt und zackt der Kreis noch mächtig
und wirkt noch nicht recht preisverdächtig,
doch ist das gar nicht problematisch.
Ich lass mich davon nicht betrüben,
da hilft nur üben, üben, üben.

Niet und Nagel

Als ich kürzlich heimgewerkt,
habe plötzlich ich bemerkt:
Es ist gar nicht leicht, zwei Sachen
aneinander festzumachen.

Ich geriet in tiefes Grübeln:
Soll ich nageln oder dübeln,
kleben, binden, schrauben, nieten?

Um der Sache Halt zu bieten,
habe ich wie wild gerackert
und gedübelklebschraubtackert,
dass sich nichts mehr lösen lässt:
Niet-, schraub-, kleb- und nagelfest.

App

Es kommt mir manchmal fast so vor,
als gäbe es im Online-Store
für jeden Schwachsinn eine „App".

Wo bleibt dagegen, will ich fragen,
die App, dem Wahnsinn abzusagen?
Wo bleibt sie, die Paperlapp-app?

@

Es brachte uns das Internet
das wunderbare Zeichen „@".
J@zt sitze ich von früh bis sp@
am elektronischen Ger@
und frag mich, was ich t@e,
wenn ich das „@" nicht h@te.

Paradox

Vom Güterzuge überrattert
ist eine Weiche stark verdattert,
was regelmäßig dazu führt,
dass die genannte Weiche flugs
bei Ankunft eines jeden Zugs
vom Paradox paralysiert
in Folge eines Schocks erstarrt.

Das Weichenleben ist knallhart.

Nicht ganz dicht

Ein Zaun, der lockre Schrauben hatte,
verlor alsbald so manche Latte.
Er wirkte wie der letzte Knaller,
mit andern Worten: „balla-balla",
denn wenn an Latten es gebricht,
dann ist der Zaun nicht mehr ganz dicht.

Einsteins Fallgesetz

Ein Stein erfuhr am eignen Leibe,
dass Schweres niemals oben bleibe
und dachte sich, gesetzt den Fall,
es gelte dieses überall,
dann müsse dieses dazu führen,
ein Fallgesetz zu postulieren.

Es ist deswegen zu vermuten:
Ein Stein ist fast so klug wie Newton.

Dreisatzaufgabe

Laut Mathebuch entnimmt ein Mann,
damit man damit rechnen kann,
behufs Erwerbes dreier Lose
drei Euro der Ersparnisdose,
was jeden Schüler dazu zwingt,
dass er den Drei- zum Einsatz bringt.

Ist dann der Loseinsatz ermittelt,
indem man drei per Dreisatz drittelt,
ist man in der bequemen Lage,
die mathebuchs gestellte Frage
nach Menge, Preis und solchen Dingen
mit wenig Aufwand zu bezwingen.

Vorfahren

Zu den noch ungeklärten Fragen
gehört, mit welcher Art von Wagen
die Vorfahrn vor Millionen Jahren
wohl fuhren, um uns vorzufahren,
denn damals war im ganzen Land
das Rad noch völlig unbekannt.

Bis heute fehlt noch jede Spur
von dem, womit der Vorfahr fuhr.

Zwecklos

Dass die eignen grauen Zellen
nicht beizeiten überquellen,
helfen Stift und Reißzweck Dir
mitsamt Pinnwand und Papier.

Leider birgt dies Hilfssystem
ein erhebliches Problem,
weil, was obendraufgezweckt,
das was drunter ist verdeckt,
bis sich die diversen Schichten
von Notizen so verdichten,
dass die Masse die da hängt,
ihrer Zwecken Fesseln sprengt.

Erstmal schaust Du wie belämmert,
bis Dir eine Einsicht dämmert:
diese Zettel, neu entdeckt,
sind (im Doppelsinn) „entzweckt".

Kulturunterschied

Die Eskimos haben
siebzehn Wörter für Schnee
das ist ohnegleichen, so wie ich es seh´.

In Bayern hingegen, so sagte man mir
gibt´s siebzehn verschiedene Wörter für Bier.

Intelligentes Leben

Die Suche nach intelligentem Leben
war lange erfolglos und kostete viel,
man war bereits kurz davor aufzugeben,
da führte sie unverhofft doch noch ans Ziel.

Im Budget waren hundert Astrono-Millionen,
der Sternenrat wollte Ergebnisse sehn,
man suchte in allen bewohnbaren Zonen
und scheute sich nicht, jeden Stein umzudrehn.

Man schickte Raketen zu jedem Planeten
und Sonden zu Monden und fernem Gestirn.
Um Vortrag gebeten schwieg jeder betreten,
man fürchtete fast schon den Mut zu verliern.

Was hätten die Forscher auch vortragen sollen?
Der Kosmos blieb still - seit dem uralten Knall
schien kein denkend Wesen sich melden zu wollen,
die Suchfunk-Signale verhallten im All.

Dann war ein paar fast schon vergessenen Helden
(die Raumschifffahrt war längst veraltete Praxis)
vergönnt, den ersehnten Erfolg zu vermelden,
vom Nebenarm einer obskuren Galaxis.

Dort tobte das Leben in allerlei Arten,
wovon sogar eine vernunftbegabt schien,
begeistert begann man, Gespräche zu starten
mit dem König der dortigen Welt - dem Delfin.

Blitzableiter

Ist einer solcherart gewitzt,
dass er beständig geistesblitzt,
dann könnte man ihn vor den Blitzen
durch Geistesblitzableiter schützen,
doch würde jener das auch wollen?

Ich denke, dass der Blitzbefreite,
die Blitzableitung bald bereute
und dann folgt dumpfes Donnergrollen.

Rückblick 3000

Es heißt, die Vorzeitforscher haben
erst kürzlich etwas ausgegraben,
das zeigt, wie früher primitiv
die Energieerzeugung lief.

In jenen fernen Zeiten war
noch manches Kraftwerk atomar.
Im Rückblick denkt man grausend:
Ein finsteres Jahrtausend.

Menschliches und Philosophisches

Lachfalten

Verschmitztes Lächeln, lautes Lachen,
selbst schiefes Grinsen oder Schmunzeln
kann im Gesicht Dir Falten machen,
die sogenannten Schmunzel-Runzeln.

Homo homini lupus

Der Mensch, so spricht der Philosoph,
ein Wolf dem Menschen ist:
Er bringt Gefahr für Haus und Hof,
wenn er ihn nicht gleich frisst.

Mir scheint, so spricht ein Pessimist.
Es ist doch eher so,
dass meist der Mensch nur lästig ist:
Der Mensch des Menschen Floh.

Pädagogik

Seit je entzieht sich jeder Logik
der Gegenstand der Pädagogik,
kurz: Wie erziehe ich mein Kind,
womit wir dann beim Thema sind:

Warum ist das Kind nicht so fleißig wie ich,
sind die Tischmanieren so fürchterlich?
Warum wird das Zimmer nicht aufgeräumt,
aus nichtigem Anlass vor Wut geschäumt?
Warum wollen Kinder an Grenzen gehen?
Warum kann man sie so oft nicht verstehen?

Das ist doch ganz einfach, so spricht der Berater:
Das liegt an der Mutter
oder am Vater.

Standpunkt

Am Fuße der Treppe kommt es mir vor,
als wendelte sich die Treppe empor.
Doch stehe ich oben, dann scheint mir mitunter,
als wendelte sich die Treppe hinunter.

Wobei es sich eindeutig darum handelt,
dass sich statt der Wendel der Standpunkt wandelt.

Schlaf

Wer nach fröhlich feuchtem Abend
reichlich Wein genossen habend
stillvergnügt
im Bette liegt,
der schläft in solchen Nächten
den Schlaf eines Bezechten.

Gerechte Strafe

Ein Schuft, der als Einbrecher schuftete
und immer beizeiten verduftete
den Ruf, der schon lang an ihm haftete,
nicht länger mehr verkraftete.

Doch als er sich noch darum giftete,
dass auf schiefer Bahn er abdriftete,
ein Polizeihund sich heftete
an seine Fersen und kläfftete.

Merke:
Wer schlechten Ruf nicht verkraftet,
der wird am Ende verhaftet.

Casanova

Ein durchschnittlicher Weiberheld
braucht für sein Leben reichlich Geld.
Draus folgt, dass er Probleme kriegt,
wenn ihm des Geldes Quell versiegt.

Denn wer auf dieser schnöden Welt
unter die Armutsgrenze fällt,
dem sind die tollsten Frauen
am schnellsten abgehauen.

Denke positiv

Ein Pessimist denkt negativ
und fällt leicht in ein Mega-Tief.

So wird für diese Leute schließlich
das Leben wirklich unersprießlich,

wobei hier festzuhalten ist:
Das ist ganz großer Pessi-Mist,

weil oft für die Erwartung gilt,
dass diese sich dann selbst erfüllt.

Das heißt, dass man befürchten muss:
Verdrießlich denken bringt Verdruss.

Politiker

Die Herren in der Politik
sind zwar nicht selten selber dick,
doch wollen sie uns allen
die Gürtel enger schnallen.

Hartes Los

Habe ich Ihnen schon erzählt,
wie mich das Schicksal hat erwählt?

Das Schicksal hielt für mich bereit
das harte Los der Einsamkeit.
Es traf mich wie ein kalter Hauch,
ein Kribbeln nur in meinem Bauch.
Das war der Punkt, wo ich begreifte,
dass mich der Hauch des Schicksals streifte.

Halt, nein: Der Punkt, wo ich begriff,
dass mich der Hauch des Schicksals striff,
das heißt ich habe da begriffen,
dass mich der Schicksalshauch gestriffen.

Hier will ich einen Einschub wagen,
und Ihnen nur das eine sagen:
Gesetzt den Fall, dass Sie begriffen,
dass Sie der Schicksalshauch gestriffen
(es ist nicht leicht, das zu begreifen,
die Einsicht muss erst langsam reifen)
Doch ich, der ich gestriffen bin -

Moment! - Wo laufen Sie denn hin?

Zweideutiger Gartenzwerg

Wie er da im Garten steht,
von dem kalten Wind umweht,
ist der Frost auch noch so knackig
kurzbehost und Arme nackig,
wie er da im Garten hockt,
zipfelmützig, schneebeflockt,
steht er, frag ich mich im Stillen,
während es noch weiter schneit,
beispielhaft für starken Willen
oder Dummerhaftigkeit?

q.e.d.

Geht´s drum, das Auto zu bewegen,
zeigt sich der Mann oft überlegen,
fährt zügig, anstatt dass er schleicht
und dann am Ziel der Fahrt, da reicht
der kleinste Parkplatz ihm sogar.

Was zu beweisen war.

Doch eh man ihn bewundern kann,
kommt eine Politesse an:
Es war die Ampel leider rot,
der Parkplatz liegt im Haltverbot.
Da plötzlich schaut der Mann dumm.

Quod erat demonstrandum.

Topfdeckel

Geht eine, die über den Tellerrand blickt
immer nur volle Kanne,
dann hat ein andrer, der ebenso tickt,
auch etwas auf der Pfanne.

Doch hat er einen Sprung in der Schüssel,
dann findet sich Gott sei Dank
eine - und das ist zum Glück der Schlüssel,
der fehlen die Tassen im Schrank.

So findet, schießt mir durch den Kopf,
doch jeder Deckel seinen Topf.

Unterschied

Es fährt fast jedes Mädchen
sehr gern auf seinem Rade,
doch sieht man keine Made
je fahren auf dem Rädchen.

Ohne Worte

Du weißt,
dass meist
wenn Glück Dir hold ist und von der Sorte:
Du würdest am liebsten im Jubel entflammen,

dann beißt
ganz dreist
ein anderer vor Dir in die Torte,
Du möchtest ihn dafür gründlich verdammen.

Du schreist
und scheißt,
den Kerl am liebsten so richtig zusammen,
nur fehlen Dir leider die Worte.

Nachbarschaftsstreit

Das Schlimme am Streit unter Nachbarn ist,
dass keiner selbst Kleinigkeiten vergisst.
Zum Beispiel Herr A, dessen Nachbar voll List
an jedem Tag eine Flagge hisst
vom Fußballverein, den der Mann nebenan,
Herr A, auf den Tod nicht ausstehen kann.

Das stimmt natürlich Herrn A ziemlich trist,
er setzt dem Herrn B eine letzte Frist,
dann holt er vom Bauern ein Fass voller Mist
und kippt die ganze stinkende Masse
direkt dem Herrn Nachbarn vor seine Terrasse.
Herr B ist darauf völlig angewidert.

Vogelwild

„Fahr endlich zu, Du lahme Ente!"

   (der fährt ja fast, als ob er pennte.
   Der hat ´nen Vogel! Nun, den schnauz
   ich an, den sonderbaren Kauz.)

„Brat mir ´nen Storch, ich hup Dir was,
Du flügellahmes Rabenaas!"

   (Jetzt bremst er noch, das passt ins Bild.)

„Du fährst, zum Kuckuck, vogelwild!"

Angeberkarre

Der Wagen war, das merkte man wohl
sein ganzer Stolz und ein Statussymbol.

Er hatte Spoiler und Ledersitze,
das Fahrwerk deutlich tiefergeflundert,
in fünf Sekunden von Null auf Hundert
und lockere dreihundert Sachen Spitze.

Das hat er mir alles ausführlich erzählt
und doch die erwartete Wirkung verfehlt,
denn auch wenn ein Stern am Kühler vorn strahlt,
ich wusste: Der ist noch nicht abgezahlt.

Rastlos

Wo immer er ging: er hastete,
verhinderte so, dass er rostete,
was unsere Nerven belastete
und unsere Ruhe uns kostete,
wofür er Verwünschungen erntete,
woraus er jedoch niemals lerntete.

Blaue Stunde

Am Ende der Party, wenn alle sich fragen,
wie sie den heftigen Kater ertragen
sollen, wenn sie sich im Morgengrauen
fühlen wie über den Kopf gehauen,

die Zunge pelzig, der Magen flau,
die ganze Welt nur noch grau in grau
ein dumpfes Brummen durch´s Hirnkastel tost,
heißt es fast trotzig ein letztes Mal: Prost!

Wohl bekomm´s.

Stille Wasser

Der dunkle Anzug stets korrekt,
die Schuhe sauber wie geleckt,
vom Seitenscheitel bis zur Sohle
so dient er täglich Volkes Wohle.

Gemäß dem Formular P Drei
Strich X Null Neun ist einwandfrei
die Mahngebühr von Amtes wegen
streng vorschriftsmäßig festzulegen.

Kaum vorstellbar, dass so ein Mann
auch mal die Sau rauslassen kann,
doch gibt mein Nachbar zu verstehen,
im Bierzelt manchmal ihn zu sehen.

Es wird sogar gemunkelt,
er habe dort geschunkelt.

Frustabbau

Na Alter, gut dass ich Dich treff.
Du glaubst es nicht: Mein blöder Chef,
die Drecksau, wollte mich glatt linken.
Ich brauch jetzt erst mal was zu trinken.

Frau Kellnerin: Zwei große Bier!
Der doofe Kerl, das sag ich Dir,
gehört vergiftet und gehenkt,
sowie ins tiefe Meer versenkt,
die Füße in Beton gegossen,
geteert, gefedert und erschossen
und dann zum Abschluss unverweilt
geköpft und danach viergeteilt
mit einem möglichst stumpfen Messer.

Na Prost, jetzt geht es mir schon besser.
Und morgen muss ich sowieso,
weil Samstag ist, nicht ins Büro.

Wasser bis zum Hals

Reichlich Kohle, völlig cool,
Traumhaus, Whirl- und Swimmingpool,
wo er Luxusurlaub machte
und im Whirlpool bei sich dachte:
Es gibt doch nichts Schönres als
warmes Wasser bis zum Hals.

Aber durch die Wirtschaftskrise
gings ihm unerwartet miese
und er sah sich voller Schrecken
mittendrin im Haifischbecken.
Und da stand ihm ebenfalls
dann das Wasser bis zum Hals.

Woran man erkennen kann:
Es kommt auf den Kontext an.

Erbsenzähler

Der Erbsenzähler zählt und zählt
die Erbsen auf dem Erbsenfeld.
Am Ende macht er sich vom Acker
und wird sodann Korinthenzähler.

An der Börse

Der Mensch als alter Beutegreifer
spekuliert oft falsch im Eifer,
wenn er um des Geldes wegen
Bull- und Bären will erlegen,
weil die Felle derart locken,
dass die Jäger sich verzocken.

Man muss sagen: Diese Leute
sind des Wahnsinns fette Beute.

Rien ne va plus

Wer behauptet, dass er hätt´
ein System für das Roulette,
das gewiss Gewinn verheißt,
irrt sich meist.

Zwar, wer ständig höher setzt
der gewinnt zu guter letzt,
doch klappt diese Theorie
praktisch nie.

Denn es ist in solchem Falle
viel zu schnell das Bargeld alle,
dass man eingestehen muss:
Nix va plus.

Glückslos

Weil mir das Glückslos Glück verhieß,
nahm ich mein Geld und kaufte dies,
doch hatte ich kein Glück im Spiel.

Vermutlich war ein „s" zu viel,
sonst wäre es zu sonderbar,
dass dieses Glückslos glücklos war.

Krisensicher

Selbst in allertiefster Krise
gibt es Jobs wie etwa diese:

Ladenhüter, Räuberleiter,
Spitzen- und Prinzipienreiter,
Tonabnehmer, Vogelbauer,
Blitzableiter, Gassenhauer,
Bunsenbrenner, Handtuchhalter,
nicht zuletzt: Zitronenfalter.

Das dabei nicht ganz so Schöne
sind jedoch die Niedriglöhne.

Pendlerfreude

Schon gehetzt zu Hause starten,
lange auf die S-Bahn warten
und kein Platz mehr da zum Sitzen,
während rings die Leute schwitzen,
da wird Pendlertum zur Qual.

Doch entspannt zum Auto gehen,
um sodann im Stau zu stehen,
wo zur Rechten und zur Linken
Abgasschwaden luftwärts stinken?
Das ist auch nicht ideal.

In Ägypten

Badet jemand oben ohne,
kümmert keinen das die Bohne,
es kräht weder Hahn noch Huhn,
Tut so was der Ench Amun.

Aber jeder Ibis krähte,
wenn das Gleiche Nofretete.

Ein Traum

Ich hatte heute einen Traum,
es träumte mir, ich wär ein Baum.
Die Sonne schien mir auf die Blätter,
es war das allerschönste Wetter
und duftig laue Sommerwinde
liebkosten meine Runzelrinde.

Und von den Wurzeln zu den Zweigen
spürt´ ich die Lebenskräfte steigen.
Ich hörte wie die Kinder lachten,
die ringsum ihre Spiele machten.

Und eines der Kinder hab ich erkannt,
ich wäre am liebsten gleich zu ihm gerannt,
doch bevor ich mein Baumsein verfluchen musste
und meine Starrheit, weil ich ja wusste,
das ist *mein* Kind, das da so lacht,
da bin ich plötzlich aufgewacht.

Ich bin ins Kinderzimmer gegangen
und habe zu lächeln angefangen
vor lauter Glück.

Lob des Alters

Das Alter möge man niemals verlachen,
was täten wir ohne das Alter machen?

Es würde der Lichtsch- im Dunkelen tappen
und auch bei dem Spielgest- würde nichts klappen.
Ganz haltlos wäre der Strumpfh- und zudem
Zitronenf-'s Leben höchst unanangenehm.

Womit wir in unser Bewusstsein uns riefen:
Es gibt zum Alter gar keine -nativen.

Radiomuffel

Aus dem Radio hört man leider
immer nur die gleichen Lieder
und man sollte noch ergänzen:

Auf den meisten Funkfrequenzen
sind zudem die Sprüche bei der
Durchschnittssendung meist recht bieder.

Außenwelt

In der U-Bahn sitzt verloren
mit zwei Knöpfen in den Ohren
Gameboy-spielend starren Blicks
einer - hört und sieht sonst nix.

Ist auch nicht so wichtig, denn die
Außenwelt steckt ja im Handy.

Bärenjagd

Die Jagd aufs Fell von großen Bären
begründet viele Karrieren.
Nur nimmt dabei manch junger Spund
(und alter auch) zu voll den Mund.

Er präsentiert die erste Skizze
(kennt leider nur des Eisbergs Spitze)
und sagt: „Das ist die ganze Miete.
Es winkt uns eine Traumrendite,
ein Füllhorn völlig ohnegleichen."
Im Auge blitzt ein Dollarzeichen.

Jetzt sind Details schon nicht mehr wichtig,
ein jeder engagiert sich richtig.
Die Einzelheiten sind vergessen,
wer will sich denn mit so was stressen?
Und weil sich jeder so beeilt
ist bald das Bärenfell verteilt.

Das sieht der Bär natürlich gerne,
betrachtet grinsend seine Jäger,
die hoffnungsfrohen Fellzerleger,
und er verschwindet in der Ferne.

In einer Sitzung notiert

Man hetzt sich ohne Unterbrechung,
eilt von Besprechung zu Besprechung
und abends ist es dann so weit,
dass man sich fragt: „Wo blieb die Zeit?"

Ich sehe ohne Weitres ein:
Manchmal muss eine Sitzung sein,
das Traurige daran ist nur:
Es fehlt zu häufig an Struktur,
es fehlt im Grunde jede Richtung
und was dann bleibt ist: Zeitvernichtung.

Anglerlatein

Sind Angler einmal unter sich,
dann prahlen sie gelegentlich.

Es wiegt der Fisch im Minimum
um circa hundert Kilo rum.
Doch wenn der Angler spekuliert,
dass dem Kollegen imponiert,
wie groß das Exemplar ist,

dann irrt er leider kolossal,
denn Angler wissen allemal,
dass das Latein nicht wahr ist.

Fliegendreck

In unserem Haus gilt für jedweden Dreck:
Der, der ihn verursacht, der putzt ihn auch weg.

Die obige Regel hat riesigen Nutzen,
denn dadurch vermeidet man Streit um das Putzen.

Nun war es in mancherlei Fällen nicht klar,
wer jeweils des Dreckes Verursacher war.

Das plagte uns manchmal für mehrere Stunden,
doch haben wir nunmehr die Lösung gefunden:

Nun heißt's, wenn wir über den Täter nichts wissen:
Das hat eine Schmeißfliege da hingeschmissen.

Meeting

Was das Arbeitsleben bietet,
wenn sich jemand business-meetet
ist ganz ohne jede Frage
Grund zu tief empfundner Klage.

Zwischen all den Alpha-Tieren,
die sich lautstark produzieren,
und sich unverzichtbar wähnen,
keiner auf den andern hörend.
Das wirkt alles leicht verstörend
und man unterdrückt ein Gähnen.

Besten Dank, hat mich gefreut!
(Schade um die schöne Zeit).

Sinn des Lebens

Es fragt der Mensch sich irgendwann:
„Was habe ich bisher getan
für Nachruhm und Unsterblichkeit,
wo blieb die Jugend, blieb die Zeit?

Wo komm ich her, wo will ich hin?
Was ist des Lebens tiefrer Sinn?"
Es tickt die Uhr, die Zeit verrieselt.
So ist das, wenn man midlife-kriselt.

Bunt

Ob himmelgelb, ob dotterblau,
ob mausrot oder feuergrau,
ob kunterschwarz ist mir im Grund
egal. Ich mag´s kohlrabenbunt.

Zum Rapport

Im Alltag gilt vor allen Dingen:
Sobald der Chef ruft, muss man springen.
Dann lässt man sofort alles liegen,
um keinen Rüffel abzukriegen
und stürmt im Eilschritt hoch die Treppen.

Oft macht man leider sich zum Deppen,
denn steht man endlich schnaufend oben,
ist häufig der Termin verschoben
und etwas mürrisch denkt man dann:
So ist die Welt, wer zahlt schafft an.

Visitenkarten

Es sammeln sich beim Businessmann
Visitenkartenstapel an.
Mich reizte es, mit all den vielen
Visitenkarten Skat zu spielen.

Zwar hat mich die Idee erheitert,
doch ist der Plan sogleich gescheitert.
Es steckten in der Kartenmasse
zwar Buben, aber keine Asse.

Lage der Nation

Seit langem ist die Lage schon
mit einem Wort: Beschissen.
Drum möchte ich gern wissen:

Wann endlich spricht der Präsident,
(der wohl „fäkal" die Sache nennt)
zur Kläran-Lage der Nation?

Pressekonferenz

Eine Rede wird geschwungen
und ein Loblied wird gesungen,
denn auf Pressekonferenzen
müssen die Bilanzen glänzen,
weil das halt so üblich ist.

Wäre da ein Journalist,
der zu fragen sich erlaubt,
ob man selbst den Blödsinn glaubt,
würde mancher Pressesprecher
kurzerhand zum Radebrecher.

Kreuzzüge

Vor ungefähr achthundert Jahren,
sind viele Leute kreuzgezogen.
Heut wird dagegen kreuzgefahren
und künftig vielleicht kreuzgeflogen?

Selbsterfüllend

Der Mensch wird manchmal dann erst schlecht,
behandelt man ihn ungerecht.
Das heißt, wen man des Übels zieh,
der macht, dass diese Prophetie
sich auch erfüllt.
                    Der Umkehrschluss
ist, dass der Mensch sich bessern muss,
wenn man, statt dass man ihn beschimpft,
ihn lobt und ihn - nun ja - verglimpft.

Krisenklang

Die Stimmung ist unglaublich miese
die Hosen sind gestrichen voll
und selbst das Pfeifen aus dem Wald,
das einsam durch die Lüfte schallt,
erklingt in einem dunklen Moll.
Das macht die Wirtschaftskrise.

Dicker Hals

Mein Gesicht ist schwer gerötet
und mein nächster Blick, der tötet,
habe einen dicken Hals.

Ja, man könnte sogar sagen,
mir zerplatzt demnächst der Kragen.
Ich erkenne jedenfalls:

Was mich ungemein verdrießt,
ist ein Knopf, der zu eng schließt.

Tee

Guter Tee ist wahrer Segen,
um den Geist sanft anzuregen.
Doch des guten Tees zu viel
führt dazu, dass man das Ziel

weit verfehlt und nur die Nieren
und die Blase reagieren,
bis man jeden Schluck beklagt
teegebeutelt und -geplagt.

Massenproduktion

Ein Schreiner äußerte, bevor er
komplett den Zug der Zeit verpasse
sei Masse nun sein Ziel statt Klasse.
Jetzt schult er um zum Dünnbrettbohrer.

Geiz

So manches Teil vom Billigheimer
ist schon nach kurzer Zeit im Eimer.
Und wenn das Ding dann nicht mehr heil ist,
erweist es sich, dass Geiz nicht geil ist.

Die Prominenz und ich

Der da grad auf dem Bildschirm war
im Fernsehn, dieser Superstar,
das ist ein Mann, den jeder kennt,
mit andern Worten: Prominent.

Der ist im ganzen Land bekannt
und mir so gut wie fast verwandt,
weil ein Cousin von meiner Tante
einen Friseur persönlich kannte,
der praktisch beinah um ein Haar
ein Nachbar war von diesem Star.

So fällt sogar auf mich ein ganz,
ganz kleiner Teil von seinem Glanz.

Dicke Bretter

Es hat so mancher arme Tropf
gelegentlich ein Brett vorm Kopf.
Das hindert dann die freie Sicht
und jeder Durchblick geht verloren.

Drum hätte jeder sicher gerne,
dass man besagtes Brett entferne.
Nur: So ganz einfach ist das nicht.
Da muss man dicke Bretter bohren.

Ver-dacht

Wenn jemand Brot in Tunke tünkte,
dann muss ich sagen, dass mich dünkte,
es würde dieses nicht nur feucht.

Es hätte mich vielmehr gedeucht,
es würde völlig nass gemacht,
(vielleicht hab ich mich auch ver-dacht).

Fensterputz

Mein Haus hat eine Fensterfront,
durch die man kaum noch sehen konnt
und so entfernte ich den Schmutz
durch intensiven Frühjahrsputz.

Doch kaum war dieses Werk vollbracht,
hat Regen es zunicht gemacht.
Es ward das Glas an allen Ecken
verschmutzt durch Spritz- und Wasserflecken.

Das hat mich nicht so sehr begeistert.
Ich finde es bescheibenkleistert.

Schlaflos

Wer schlaflos nachts im Bette liegt,
der hört zuweilen leider gründlich,
wie ungenutzt die Zeit verfliegt.
Die Turmuhr glockschlägt viertelstündlich.

Es macht mit ihrem Glockenschlage
die Kirchturmuhr die Nacht zum Tage.

Es wächst die Pein, es wächst das Grausen,
das arme Opfer liegt erstarrt,
und auf die Schläge folgen Pausen,
da es des nächsten Schlages harrt.

Dann macht mit ihrem Glockenschlage
die Kirchturmuhr die Nacht zum Tage.

Da hilft kein Ächzen und kein Stöhnen,
da hilft kein Kissen auf den Ohren,
die Schläge scheinen zu verhöhnen,
den, dem sie ins Bewusstsein bohren.

So macht mit ihrem Glockenschlage
Die Kirchturmuhr die Nacht zum Tage.

Bildung

Es ist für die Bildung von großer Bedeutung
das Anspruchsniveau der gelesenen Zeitung.
Es gibt ein paar Blätter, da möchte man speien,
die balkendick Lügen vom Titelblatt schreien.

Da machen gewöhnlich Geschichten die Runden
zur Hälfte erlogen, zur Hälfte erfunden.
Zwar wirkt dieses Bildungsgift meistens nur
schleichend,
doch umso viel gründlicher Hirne erweichend.

Uneinig

Es war beabsichtigt gewesen,
dass sich in den Parteitagsthesen
die beiden Flügel wiederfanden.

Doch kaum hat man sie vorgelesen,
da waren alle zwieverstanden.

Kompromiss

Es prägte Zwietracht den Kongress,
es stritten die Vereinsmitglieder,
sie brüllten auf und brüllten nieder
und machten Krach bis zum Exzess.

Bis man verfiel - was üblich ist -
um die Versammlung noch zu retten
auf einen Trick zum Wogenglätten:
auf einen faulen Kompromist.

Parteitag

Man wollte Signale der Einigkeit senden,
die Wähler mit Eintracht und Einmut verblenden,
nur sollte das leider nicht völlig gelingen,
weil Zweinigkeit herrschte in zu vielen Dingen.
Man hat sich mit Hohn und mit Spott übergossen,
bis Zwietracht und Zwiemut die Wähler verdrossen.

Passt

Man sagt, der Hut auf meinem Kopf,
der passe wie die Faust aufs Auge,
beziehungsweise ganz genau ge-
sagt wie´n Deckel auf den Topf.

Vorm Spiegel

Vorm Spiegel merkte er verbittert,
er wirkte irgendwie zerknittert,
die Stirn schon etwas unverstaltet,
gelach- und auch gesorgenfaltet,
gerunzelt und von Zornesfurchen
durchzogen (längsen und querdurchen).

Dann stellte er sich vor, es hätte
die Stirn noch ihre Jugendglätte
und er erwog, die Haut zu liften,
zu straffen sie mit Botoxgiften.
Nur fand er das dann doch daneben,
denn jede Falte zeigte: Leben.

Innere Werte

Bei uns Menschen birgt die Hülle
manchmal eines Schatzes Fülle.
Diesen Falles sagt man gerne:
Harte Schalen, weiche Kerne.
Und man möchte beinah meinen,
es verhält sich wie bei Steinen,
denn oft täuscht der erste Blick.

Um zu sehn, was sie enthalten,
muss man harte Hüllen spalten,
dann enthüllt mit etwas Glück
sich ein glänzender Kristall
oder - andrer Beispielsfall -
gar ein Archäopteryx.
Doch ganz ehrlich: Meistens nix.

Bankraub

Das Geld ist wieder einmal alle,
ich wäre gerne wieder flüssig.
Des Bargeldnotstands überdrüssig
träumt mir vom Bankenüberfalle.

Auch anders würde Geld mir winken,
doch kann ich mich nicht überwinden,
höchstselber eine Bank zu gründen.
So tief will ich dann doch nicht sinken.

Ab vom Schuss

Mein Dorf liegt, wie ich sagen muss
im Hinterland weit ab vom Schuss,
doch sah ich kürzlich einen Ort,
der war noch weitabschusser fort.

Seitdem versuch ich, einen Flecken
in unsrer Gegend zu entdecken,
der noch viel weiter ab vom Schuss ist:
Amallerweitestabvomschussest.

Stille Dulder

Es wird Zeit einmal zu sagen:
Ich bewundere es immer,
wie hier im Büro die Klammern
stumm ihr schweres Los ertragen,
ohne je einmal zu jammern,
nie auch nur ein Klageton.

Es belastet mein Gewissen,
wie sie unbeachtet liegen
und sie werden, fast noch schlimmer,
wenn im Dienst sie sich verbiegen,
ohne Skrupel weggeschmissen.
Undank ist der Welten Lohn.

Regenbogenpresse

Es weckt die Regenbogenpresse
mein tiefempfundnes Interesse,
wenn Sternchen oder Prominenzen
vom Titelblatt in Hochglanz glänzen.

Und ist das Heft dann aufgeklappt,
steht da, wer wann mit wem ertappt
geworden und es gibt dazu
ein exklusives Interview.

Auch kann man sich am Herzeleiden
der Stars und an Skandalen weiden.
Es ist im Grunde ziemlich öde,
man hält mich offenbar für blöde.

Warum die mir das bieten dürfen?
Da braucht man gar nicht tief zu schürfen:
Weil sie mit Tratsch von Reichen, Schönen
mit meinem Schicksal mich versöhnen,
denn denen geht es noch viel schlimmer
als mir - im Zahnarztwartezimmer.

Falsch verbunden

Wenn Herzen zueinander finden,
dann möchte man sich gerne binden,
doch manchmal sind nach ein paar Wochen
die beiden Herzen schon gebrochen.

Vom Liebeskummer schwer gequält
wird klar: Man hatte sich ver-wählt.
Dann macht die Nachricht schnell die Runden:
Da hatten sich wohl zwei ver-bunden.

Backgirlie

Ein Backfisch beschwerte sich wieder und wieder,
es drücke die „Backfisch"-Bezeichnung ihn nieder.
Zu altbacken käme der Name daher
und dass er viel lieber ein „Teeny-Girl" wär.

Das klänge viel cooler und deutlich moderner,
und - einmal im Schwunge - verlangte er ferner,
nicht „dufte" zu sagen, nicht „spitze" und „klasse",
stattdessen „voll hip", oder „mega" und „krass, he".

Die Leute im Umkreis, man höre und staune
befolgten des Backfisches seltsame Laune.
Der Backfisch hingegen, man staune und höre,
der blieb auch als „Girl" letztlich nur eine Göre.

Schlossbesitzer

Schlossbesitzer haben leider
in der Regel viele Neider,
sitzen sie auf hohem Rosse.

Um dergleichen zu vermeiden,
gebe ich mich stets bescheiden,
protze nie mit meinem Schlosse.

Das ist kaum genug zu loben.
Hält man mich auch für verschroben,
zeugt es doch von hohem Adel,

dass ich keine Dünkel zeige
oder gar zu Hochmut neige,
hänge ich mein Schloss ans Radel.

Propheten

Im eigenen Lande gilt der Prophet
nicht viel, wenn´s an das Bezahlen geht.
Im Ausland kriegen die Propheten
im Allgemeinen mehr Moneten.

Intelligentes Leben

Finden sich Intelligenzen
außerhalb der Erdengrenzen?
Würde es sich vielleicht lohnen,
die Vulkanier und Vogonen
in den endlos weiten Weiten
der Galaxen aufzusuchen?

Ehe wir das Ticket buchen
gibt es eine ähnlich schwere
Fragestellung, die beizeiten
vorab noch zu klären wäre:
Kann Intelligenz auf Erden
zweifelsfrei bestätigt werden?

Ad-hoc-Mitteilung

Wir haben in den vergangenen Stunden
einvernehmlich - vom Vorstand gebeten -
diesen von all seinen Ämtern entbunden.

Der Grund dafür, dass er zurück ist getreten:
Das ungewisse Los mancher Kunden,
doch bleibt er natürlich der Firma verbunden.

Das liest sich im Klartext, und nicht so gewunden:
Der Grund dafür, dass wir zurück ihn getreten:
Er war zu gewissenlos zu unsren Kunden,
doch wird mit Millionen er ab noch gefunden.

VIP-Ex

Ich las von einem Hip-Hop-Star,
der früher mal bekannter war,
er habe fettkrass hipgehoppt,
doch sei sein letzter Clip gefloppt.

Es war nach dem gefloppten Clip
der arme Hopper nicht mehr hip,
auch habe die gesamte Presse
durch konzertiertes Desintresse
den Status ihm als VIP gestoppt.

Viel effektiver noch als Tipp-Ex
wirkt Ignorieren wie ein VIP-Ex.

Gebührenwesen

Es ist leider nun mal Fakt:
Jeglicher Verwaltungsakt
hat noch stets dazu geführt,
dass dem Amt Gebühr gebührt.

Deshalb sieht manch braver Bürger
unsern Staat als üblen Würger,
das Gebührenfordern sei
nichts als Wegelagerei.

So zu denken ist natürlich
höchsten Grades ungebührlich.

Individuell

Wenn schillernde Persönlichkeiten
gemeinsam auf die Bühne schreiten
und doch ihr Ziel nur darin sehen,
allein im Mittelpunkt zu stehen,
besteht Gefahr, dass ziemlich schnell
beginnt ein Indivi-Duell.

Fürs Publikum viel schöner wäre
dagegen eine Premiere,
die echten Zauber in sich hätt,
und zwar: ein Indivi-Duett.

Doppelt

Übernächtigt, bartgestoppelt,
siehst verkatert Du dodoppelt
und vorm Spiegel - ist ja klarklar
viervierviervierfach sogargar.

Wenn ich es rerecht sesehe:
Wären sie in der Nänähe,
stünde für die Kinder dada
Papapapapapapapa.

Flausen

Hinter manches Menschen Stirne
stecken Flausen im Gehirne.

Insoweit genannte Flausen
kreuz und quer das Hirn durchsausen,
tickt nicht mehr ganz akkurat
der Gedankenapparat.

Manchmal reicht schon eine Flause
und das ganze Hirn macht Pause.

Hitzig

Wenn sich einer unentwegt
an mit seinem Nachbarn legt,
setzt auch der nach einer Weile
grobe Klötze auf die Keile.

Die Entschuldigung verweigernd
wirkt man beidseits blutdrucksteigernd.
Todesernst und wenig witzig
wird es atmosphärisch hitzig
und nur einer lächelt kalt.
Nämlich der Herr Rechtsanwalt.

Aufmupf

Leider sind bestimmte Kreise
stark verfilzt („beziehungsweise"):
Man schafft nie aus eigner Kraft
das, was eine Seilschaft schafft.

Der Bestand besagter Filzen
schreit danach zu rumpelstilzen,
also tobend rumzuhüpfen,
aufzumucken und zu -müpfen.

Solcher Aufmupf aber würde
für den Müpfenden zur Hürde,
hätte er doch ungebeten
einen Fettnapf dreist betreten.

Ratschlag an mich selber

Es gilt seit jeher bei der Jugend
das Coolsein als die höchste Tugend
und was die Elternschaft begeistert
ist prinzipiell bescheibenkleistert.

Drum sollten Eltern niemals wagen,
dem Jugendlichen vorzuschlagen,
gemeinsam Berge zu erklimmen,
zu radeln, wandern oder schwimmen.

Es gilt, zur Schonung seiner Nerven
sich stets aufs Neue einzuschärfen:
Sei klug und lass ihm seinen Willen,
zunächst mal ausruhn, danach chillen.

Verklärt

Wer subjektief im Innern spürt,
dass unser Weg stets abwärts führt,
dass seit den guten alten Zeiten
dem Abgrund wir entgegen gleiten,

dass links und rechts der Zeitenläufe
vermehrt sich Schmutz und Unrat häufe,
der merkt: Die Zeit wirkt ohne Frage
höchst wirksam als Verkläranlage.

Prävention

Für die Vermeidung des Entdeckens
von Dreck am Ende Deines Steckens,
um zeitig der Gefahr zu wehren,
Dich in Beweisen zu verheddern,

tu Deiner Zukunft etwas Gutes
und denke daran, kalten Blutes
den Speicher des PCs zu leeren
und alle Akten kleinzuschreddern.

So stellst Du den Herrn Staatsanwalt
so präventiv wie gründlich kalt.

Darf´s ein bisschen mehr sein?

Beim Metzger brauchst Du oft im Grund
nicht mehr als nur ein Viertelpfund
gemischten Aufschnitt, doch es läuft
oft so, dass der Verkäufer fragt,
ob etwas mehr Dir auch behagt,
bis Scheibe sich auf Scheibe häuft.

Am Ende kommt der Punkt, da muss
man einfach sagen:

Jetzt ist Schluss!

Inhaltsverzeichnis